국제조약,
알면 뉴스가 들려요

김향금 글 | 김소희 그림

사계절

작가의 말 • 4

1. 우리가 왜 국제조약을 알아야 할까요?
3300년 전의 점토판 문서에 담긴 약속! • 10
비엔나 협약, 이것이 국제조약이다! • 14

2. 우리가 꼭 알아야 할
세계사를 바꾼 국제조약 세 가지
베스트팔렌 조약, 근대 유럽의 탄생 • 22
난징 조약, 잠자는 용을 깨운 불평등 조약 • 28
강화도 조약, 조선의 문호를 연 불평등 조약 • 32

3. 정치 뉴스가 쏙쏙,
전쟁 없는 평화로운 세계를 위한 국제조약
제네바 협약, 전쟁터에서 꽃핀 인도주의 • 40
북대서양 조약, 미국과 유럽의 군사 동맹 조약 • 44
핵확산금지 조약(NPT), 인류의 멸망을 막으려는 노력 • 47
유럽연합 조약, 하나의 유럽을 향해! • 53
난민의 지위에 관한 협약 • 57

4. 경제 뉴스가 쏙쏙, 세계 경제 질서를 위한 국제조약

브레턴우즈 협정, 미국 달러 중심의 국제 통화 질서를 짜다 • 64
세계무역기구(WTO) 설립을 위한 마라케쉬 협정 • 70
자유 무역 협정(FTA), 관세 장벽을 무너뜨리다 • 79

5. 환경 뉴스가 쏙쏙, 환경 보호와 녹색 성장을 위한 국제조약

습지 보존을 위한 람사르 협약 • 86
리우 환경 선언, 열두 살 소녀의 외침! • 90
생물 다양성 협약, 다양한 생물과 더불어 사는 지구! • 94

6. 어느 나라 영토인지 알쏭달쏭, 남극 바다와 우주에 관한 국제조약

남극 조약, 과학 탐사만 합시다! • 104
우주 조약, 우주를 평화롭게 이용하자는 인류의 약속 • 107
유엔 해양법 협약, 인류 최초 '바다의 대헌장' • 110

7. 모르면 탈 날라, 우리 생활과 밀접한 국제조약

세계 저작권 협약(베른 협약), 창작자에 대한 존중 • 118

마치며 • 122

■ 작가의 말

국제조약이란 나라와 나라 사이에 맺은 약속이에요. 좀 어마어마하죠? 그러니 국제조약 하면 어린이들이 이런 생각을 떠올릴 법하죠.

'나랑 무슨 상관이지? 제네바 협약이나 남극 조약, 핵확산방지 조약? 그런 건 어른들 세계에 속하는 일이잖아? 정치가나 국회의원, 공무원들이 알아서 할 일 아니야?'

그건 그렇지 않답니다! 국제조약은 알게 모르게 우리 생활에 깊숙이 자리 잡고 있어요. 여러분이 무심코 인터넷에서 음악, 영화, 게임을 다운로드하면 불법 복제로 걸릴 수 있어요. 베른 협약에 위반되거든요.

요즘 우리 식탁에 칠레산 포도와 미국산 오렌지가 자주 올라오지요? 우리나라와 칠레, 우리나라와 미국 간에 자유 무역 협정이 맺어져서 그렇답니다. 또 언젠가부터 유럽 여행을 갈 때 유로화로만 바꿔 가지요? 유럽 여러 나라가 마스트리흐트 조약으로 유럽 공동체가 되어서 그렇습니다.

이렇게 국제조약은 우리 생활과 밀접하게 연관되어 있어요. 다만 우리 생활과 국제조약 사이에 있는 '치렁치렁한 연결 고리'들이 우리 눈에 잘 띄지 않을 뿐이죠.

일상생활에서 어린이들이 국제조약을 접하는 건 아마 뉴스를 통해서일 거예요. 뉴스는 '지금, 방금 일어난, 나를 둘러싼 세계에 대한 따끈따끈한 소식'이에요. 그런데 신문과 방송, 인터넷을 봐도 뉴스에서 전하는 소식을 제대로 이해할 수가 없을 때가 많지요? 상당 부분 국제조약에 대해 알지 못해서 생기는 일이에요.

이 책은 신문과 방송, 인터넷 뉴스에 맨날 나오지만 마냥 어렵고 딱딱하고 알쏭달쏭한 국제조약을 쉽고 재미있게 알려 줄 거예요. 국제조약을 정치, 경제, 사회, 환경, 생활로 분류된 뉴스처럼 부문별로 나누어 깔끔하게 정리했어요.

이 책을 읽는 동안 어린이 여러분은 높고 낮은 봉우리들을 만나게 될 겁니다. 숨이 차면 잠시 쉬어 가도 돼요. 신나면 총총 뛰어가도 됩니다. 한 봉우리를 넘을 때마다 짜릿한 흥분을 맛볼 수 있을 테니까요. 성큼성큼 세계로 나아갈 때마다 으쓱으쓱할 거예요.

이 책을 다 읽고 나면 국내외 뉴스가 쏙쏙 들려서 나를 둘러싼 세계가 시시각각 어떻게 변화하고 있는지 알 수 있을 거예요.

자, 국제조약 완전 정복을 향해 출발!

2016년 겨울 김향금

1. 우리가 왜 국제조약을 알아야 할까요?

어찌 보면 인류의 역사는 전쟁의 역사입니다. 평화를 열망하는 인류의 바람이 국제조약을 낳았지요. 이 장에서는 평화와 공존과 녹색 성장을 위한 인류의 약속인 국제조약의 탄생 과정을 통해 국제조약이 무엇인지 자세히 알아봅니다.

3300년 전의 점토판 문서에 담긴 약속!

2012년 국립중앙박물관에서 〈튀르키예 문명전 : 이스탄불의 황제들〉이 열렸어요. 전시장에서 히타이트의 고대 유물을 둘러보다가 작은 점토판 앞에서 온몸이 찌릿찌릿 감전된 듯한 충격을 받았어요.

물론 난생처음 보는 점토판이랑 쐐기문자가 아주 신기했지요. 정작 충격과 감동은 그 점토판에 딸린 '설명문'을 읽고 나서 뭉게뭉게 구름처럼, 아니 휘몰아치는 폭풍우처럼 몰려왔어요.

세상에, 이 점토판에 기원전 1269년경, 그러니까 지금으로부터 약 3300년 전에 히타이트와 이집트 사이에 맺어진 '세계 최초의 평화조약'이 새겨져 있다네요! 이 점토판은 1906년에서야 세상에 알려졌어요.

그럼 이전에는 이 평화조약이 세상에 알려지지 않았냐고요? 그럴 리가요. 생각해 보세요! 평화조약의 또 다른 당사자인 이집트가 있잖아요. 당연히 조약의 당사자인 양쪽이 모두 이 조약문을 보관하고 있었죠. 이집트 쪽에는 카르나크 신전 벽면에 이 평화조약이 새겨져 있답니다.

점토판 문서는 이 조약을 맺은 양쪽 당사자가 누구인지 명백하게 밝히고 있어요.

"위대한 왕 람세스 2세는 그의 형제인 히타이

트의 위대한 왕 하투실리스 3세와 함께 이집트와 히타이트 간 영원한 평화와 우정을 위하여 조약을 맺는다."

우리가 이 평화조약에서 가장 눈여겨봐야 할 대목은 '상호 불가침의 원칙', 그러니까 서로 침범하지 않겠다는 약속 조항이에요.

"히타이트의 위대한 지배자는 절대 이집트 땅을 침범하지 않는다. 이집트의 위대한 왕 람세스는 절대 히타이트 땅을 침범하지 않는다."

짧은 문장이지만 전쟁 대신 평화를 선택하겠다는 두 나라의 강력한 의지가 느껴지지 않나요?

이 밖에 만일 두 나라 중 어느 한 나라가 외적의 침입을 받고 도움을 요청한다면 군대와 전차를 보낼 것이라든가, 이 조약을 어기는 자는 저주를 받아 멸망할 것이라는 문구도 있어요. 이 조약을 보증하는 자로 천 명의 하티 신과 여신, 천 명의 이집트 신과 여신을 적어 놓았으니, 누가 감히 그 많은 신을 배신하고 이 조약을 어길 수 있겠어요?

재밌는 사실은 히타이트와 이집트의 조약문은 거의 똑같지만, 히

카데시 조약을 새긴 점토판

타이트 쪽의 문서에는 이집트 왕 파라오를 찬양하는 내용이 쏙 빠져 있다는 거예요. 아무리 평화조약을 맺는다고 해도 적국은 적국이니까, 히타이트 쪽에서 구태여 파라오를 찬양할 필요까진 없었겠죠.

이리하여 세계 최초의 평화조약이 체결되어 히타이트와 이집트는 오랫동안 평화를 유지했답니다.

어때요, 굉장하지 않나요? 3300여 년 전에 맺어진 평화조약이지만 나라와 나라 사이의 약속인 국제조약의 조건을 지금 보아도 거의 완벽하게 갖추고 있으니까요.

람세스 2세는 평화조약을 맺은 덕분에 이후 60여 년간 평화로운 시기를 맞아 번영을 누리게 됩니다. 아부 심벨 신전과 룩소르 신전 같은 신전 건물을 세우면서 '건축 대왕'이라는 별명이 붙기도 했지요. 히타이트 또한 외적의 침입을 받을 경우 이집트의 도움을 받는다는 군사 동맹을 맺은 덕분에 아시리아의 공격을 막아 오래도록 평화를 누리게 되었답니다.

이렇듯이 인류의 역사는 잔인한 전쟁을 겪으면서 평화를 간절히 바라고, 그 결과가 평화조약으로 마무리되는 전쟁과 평화의 '반복되는 패턴'을 유지해 왔어요. 제1차 세계대전의 참상을 겪은 뒤 국제연맹이, 제2차 세계대전의 고통을 겪은 뒤에 국제연합(유엔, UN : United Nations)이 탄생한 것과 같은 맥락이지요.

이제 2장부터 살펴볼 국제조약에서도 이처럼 반복되는 패턴을 확인

카데시 조약, 평화를 위한 아주 오래된 약속

히타이트와 이집트가 세계 최초로 맺은 평화조약이 바로 카데시 조약입니다.

기원전 13세기, 이집트와 히타이트는 오리엔트의 패권을 놓고 경쟁하는 사이였어요. 두 나라는 카데시, 지금의 서아시아에 있는 시리아에서 격돌하게 되었지요.

히타이트는 쇠로 만든 강력한 철제 무기와 전차 부대를 앞세운 군사 강국이었어요. 주변 국가들이 청동기 무기를 사용할 때 히타이트 제국은 철제 무기로 무장했지요.

애초에 이집트의 왕 람세스 2세의 아버지인 세티 1세가 카데시를 점령했었죠. 그런데 히타이트가 카데시를 자신들의 손안에 넣었어요. 카데시는 두 세력이 결코 놓칠 수 없는 군사적 요충지였거든요. 결국 람세스 2세는 2만 대군을 이끌고 카데시 공략에 나섭니다. 이에 맞서 히타이트의 무와탈리스 왕은 3만 5천 대군을 이끌고 전쟁터로 나가게 됩니다. 전쟁 초반에 이집트는 무와탈리스 왕의 함정에 빠지지만, 람세스 2세의 강한 지도력을 바탕으로 전세를 뒤집어 버렸어요. 그렇다고 이집트가 이긴 건 아니에요. 이집트는 전쟁에서 이겼다고 떠벌렸지만 원래 전쟁을 일으킨 목표였던 카데시를 되찾는 데 실패했어요.

한편 히타이트는 더 많은 군사를 투입해서 전쟁을 승리로 이끌 수 있었지만, 어쩐 일인지 카데시 요새로 물러나는 정도에서 멈춥니다. 히타이트는 바로 옆에서 새로 일어나는 강대국인 아시리아를 염두에 두지 않을 수 없었어요. 이집트와 전쟁을 벌이다가 자칫 이웃 나라인 아시리아의 공격을 받을 수도 있으니까요. 전쟁 중에 무와탈리스 왕이 죽고 그 아들이 왕위에 올랐는데 삼촌인 하투실리스가 조카의 왕위를 빼앗은 복잡한 히타이트의 내부 사정도 한몫했지요.

두 나라는 2년을 끈 전투로 각각 만여 명과 6천여 명의 군사를 잃는 막대한 피해를 입었습니다. 밀고 밀리는 2년간의 접전 끝에 카데시 전투는 사실상 무승부로 끝났습니다.

좀 더 평화를 원한 쪽인 히타이트의 하투실리스 왕이 조약의 첫 안을 은판에 새겨 이집트의 람세스 2세에게 보내 두 나라는 평화조약을 맺습니다. 카데시 전투가 시작된 지 16년 만의 일이지요.

할 수 있습니다. 평화가 대가 없이 이룩된 것이 아니라는 사실을 고대부터 현대에 이르는 역사가 생생하게 증명하고 있는 셈이지요.

뉴욕의 국제연합 본부는 최초로 맺어진 평화조약의 정신을 기려 이 평화조약을 그대로 베낀 복제품을 전시하고 있답니다.

비엔나 협약, 이것이 국제조약이다!

앞서 말했지만 카데시 조약은 약 3300년 전에 맺어진 조약임에도 국제조약의 요건을 골고루 갖추었다는 점에서 놀랍습니다. 조약의 당사자, 조약의 내용, 첨가 사항과 조약의 보증인까지 세세하게 밝혀 두었죠.

세월이 흐르면서 세계 곳곳에서 수많은 조약이 맺어짐에 따라 조약 자체를 정리할 필요가 생겼어요. 그리하여 1969년 오스트리아 비엔나에서 조약에 관한 조약, 즉 '조약법에 관한 비엔나 협약'이 탄생했답니다.

2장부터 부문별로 다양한 국제조약을 소개할 것이므로, 비엔나 협약을 바탕으로 현대의 국제조약이란 무엇인지 정확하게 짚고 넘어갈 필요가 있어요.

어린이들이 국제조약을 접할 때 가장 어려운 점이 낯선 용어들이랍니다. 첩첩이 쌓인, 이 어려운 한자어로 가득한 용어의 봉우리만 스리슬쩍 넘어가면 딱딱하고 지루하게만 느껴지던 국제조약이 흥미롭게 다가올 거예요!

여기서는 단 일곱 가지로 정리한 조약의 실체를 파고들어 봅시다!

1, 2, 3은 국제조약의 정의에 해당합니다.

알기 쉽게 풀이하자면, 국제조약이란 나라와 나라 사이에 문서로 맺

은 약속인데, 당사자 간에 강제가 아닌 자유 의사에 따라 맺어져야 하며, 양쪽 모두 조약을 성실하게 지켜야 할 의무가 있다는 뜻이에요.

1번 조항은 당연한 것 같지만 덧붙일 내용이 있어요. 제1, 2차 세계대전을 거치면서 국제연합 같은 국제기구가 늘어나자 나라와 나라 간에 맺은 조약이라는 조항이 걸림돌이 되었지요. 그리하여 현대의 국제조약은 나라와 나라 사이뿐만 아니라 나라와 국제기구, 나라와 지역 공동체 사이의 조약도 포함하게 되었답니다.

2번 조항은 조약은 말이 아닌 문서로 맺어야 한다는 것이고, 3번 조항은 따져 볼 이야깃거리가 많아요. 국제적 합의에 따라야 하기 때문에 강제로 맺은 조약이나 불평등 조약이 문제가 될 수 있지요. 예를 들어, 1876년 우리나라가 일본과 강제로 맺은 강화도 조약은 불평

등 조약이므로 국제적 합의라는 원칙에 위반되지요. 그럼 강화도 조약은 어떻게 될까요? 안타깝게도 1969년에 채택된 비엔나 협약에서는 이런 원칙을 '소급(과거로 거슬러 돌아가 미치게 함)'하는 것에 반대하고 있습니다.

4번 조항은 조약 체결 절차에서 '협상 → 서명 → 채택'의 과정을 거치게 된다는 것이에요. 체결이란 '조약을 맺는다'는 뜻의 한자어랍니다. 꼭 기억해 두세요!

5번 조항의 '비준'은 그렇게 채택된 조약문을 국내에서 조약을 체결하는 사람이 최종적으로 확인하고 동의하는 절차를 말해요. 우리나라의 경우 조약을 체결하는 사람이 대통령인데 국회의 동의를 얻어 비준 절차를 행합니다.

만약 국제조약이 국내법과 부딪칠 경우엔 어떻게 될까요?

국제조약에서는 국내법을 핑계 삼아 국제조약을 지키지 않을 수 없게 되어 있습니다. 그러므로 국내에서 조약을 비준하는 과정에서 이 국제조약이 국내법과 어긋나는 점이 없는지 잘 살펴보아야 합니다.

6번 조항은 국내에서 비준 절차를 거치면 비준서를 교환하고 드디어 국제조약이 효력을 발휘하게 되는 것을 말합니다.

7번 조항은 조약과 더불어 '협약', '협정'도 국제조약을 일컫는 이름이라는 것입니다. 다만 '의정서'는 어떤 조약을 수정하거나 보완하는 목적으로 만들어진 것으로 조약과 같은 효력을 지닙니다. 예를 들어, 도쿄 의정서는 리우 환경 협약을 보완하기 위한 조약이지요. 나중에 뒷장에서 좀 더 자세하게 설명하도록 하죠.

우리는 이제까지 국제조약의 요건에 관해 간단하게 살펴보았어요.

국제조약은 우리의 삶을 거대하게, 근본적으로 규정 짓는 약속입니다. 지금 세계는 놀라운 속도로 지구촌으로 좁혀지고 있으며 서로 막대한 영향을 주고받고 있어요.

우리가 이런 세상에서 살아가려면 국제조약에 대해 관심을 갖지 않을 수 없습니다. 단지 먹고사는 문제뿐만 아니라, 국제조약은 인류의 평화와 공존, 번영, 지속 가능한 녹색 성장을 위한 약속과 대화와 타협의 산물이랍니다.

2.
우리가 꼭 알아야 할 세계사를 바꾼 국제조약 세 가지

이 장에서는 우리나라와 세계사의 흐름을 바꾼 세 가지 근대 조약에 대해 알아봅니다. 국사나 세계사에서 상식에 속할 정도로 유명한 조약인데, 결코 평등하지 않은 국제조약의 또 다른 민낯을 확인할 수 있습니다.

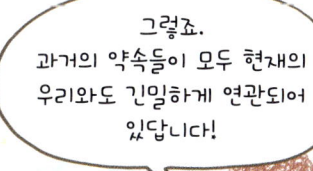

베스트팔렌 조약, 근대 유럽의 탄생

1648년 독일의 베스트팔렌 주에 있는 뮌스터와 오스나브뤼크에 각국 대표들이 조약을 맺기 위해 속속 모여들었습니다. 좀 이상한 점이라면 5월에는 가톨릭(구교) 대표들이 뮌스터에, 10월에는 프로테스탄트(신교·개신교) 대표들이 오스나브뤼크에 때와 장소를 달리해서 모였다는 사실이죠.

어찌 됐든 간에 이들이 진정으로 원한 것은 오로지 '평화'뿐이었습니다. 그도 그럴 것이 유럽 여러 나라들은 30년을 질질 끈 종교 전쟁에 지칠 대로 지쳤기 때문이지요.

당시 유럽은 합스부르크 가문 출신의 신성 로마 제국 황제들이 정치는 물론 종교의 영역에서도 막강한 권력을 휘두르고 있었어요. 가톨릭을 신봉하는 신성 로마 제국 황제들은 종교의 자유를 인정하지 않고 프로테스탄트에 속하는 루터파나 칼뱅파 신도들을 무자비하게 탄압했지요. '프라하 성 창문 투척 사건'에서 보헤미아의 개신교파 귀족들이 구교도 총독과 비서를 괜히 창문 밖으로 내던진 게 아니죠. 보헤미아의 귀족들이 가톨릭교를 강요하는 신성 로마 제국의 페르디난트 2세에 반발해서 일으킨 사건이니까요.

이 사건이 발단이 되어 종교 전쟁이 발발했고 유럽 여러 나라들은 장장 30여 년에 걸친 전쟁의 소용돌이에 휘말리게 됩니다. 신식 무기로 총과 대포가 등장하고 돈을 받고 싸우는 용병들의 활약까지 더해

프라하 성 창문 투척 사건, 유럽 대전인 30년 종교 전쟁 발발!

30년 종교 전쟁의 발단이 된 사건은 1618년 5월, 체코의 보헤미아 지방에서 일어났습니다. 보헤미아의 프로테스탄트 귀족들이 가톨릭 총독과 비서를 창문 밖으로 내던져 버렸지요. 세계사에서 유명한 소위 '프라하 성 창문 투척 사건'입니다. (프라하 성은 '천년 왕궁'이라는 별명이 붙을 정도로 천 년에 걸쳐 지어진 거대한 성입니다.)

앗, 창문 밖으로 떨어진 총독과 비서는 어떻게 되었냐고요?

무려 20미터 아래로 떨어졌지만 아래에는 다행히 푹신한 건초 더미가 있었다고 합니다. 가까스로 목숨을 건진 이들은 오스트리아의 빈으로 줄행랑을 쳤지요. 자신의 대리인인 총독에게 벌어진 이 사건을 보고받은 신성 로마 제국의 황제 페르디난트 2세가 노발대발한 것은 불을 보듯 뻔한 일이었죠. 이때 신성 로마 제국의 황제는 보헤미아의 왕을 겸하고 있었어요. 신성 로마 제국의 황제는 곧바로 개신교도들과의 전쟁을 선포했어요.

진 전쟁터이니, 백성들의 고통은 이루 말할 수 없었지요.

전쟁 초기에 가톨릭파인 신성 로마 제국이 승리를 거두자, 네덜란드를 비롯한 프로테스탄트파에 속하는 나라들이 불안한 나머지 전쟁에 참여하게 되었어요. 이에 맞서 가톨릭파인 에스파냐가 전쟁에 참여하고, 점점 더 불안해진 덴마크, 스웨덴 같은 프로테스탄트 국가들이 전쟁에 뛰어들게 되었지요.

30년을 끈 종교 전쟁은 네 단계를 거치게 되었는데, 네 번째 단계에 프랑스가 전쟁에 참여하면서 종교 전쟁의 성격이 '영토 전쟁'으로 변질되기 시작했어요. 왜냐하면 가톨릭 국가인 프랑스가 종교 전쟁에서 프로테스탄트파를 편드는 기묘한 장면이 연출되었기 때문이죠. 프랑스의 속셈은 이랬답니다. 프랑스의 루이 13세는 합스부르크 가문의 신성 로마 제국을 물리치고 자신이 유럽의 패권을 쥐고 싶었어요.

결국 종교 전쟁으로 시작된 이 전쟁은 유럽의 여러 나라가 참전하는 '유럽 대전'의 모습을 띠면서 유럽 전역이 전쟁과 약탈과 죽음의 고통에 신음하게 되었습니다.

앞서 밝혔듯이 가톨릭파와 프로테스탄트파는 평화조약을 맺으면서도 각각 다른 장소에서 회의를 할 만큼 으르렁거렸지요. 뮌스터와 오스나브뤼크가 속한 지역의 이름을 뭉뚱그려서 베스트팔렌 조약이라

베스트팔렌 조약

각 국가는 독립적으로 법률을 만들고, 세금을 매기고, 전쟁을 할 수 있는 '주권'을 지닌다. 서로 동등하게 교류할 수 있고, 다른 나라의 내정에는 간섭할 수 없다!

고 이름 붙였을 뿐이죠.

베스트팔렌 조약으로 30년을 끈 종교 전쟁이 막을 내리고 유럽은 평화를 되찾았습니다. 그리고 가톨릭파인 신성 로마 제국과 에스파냐의 힘이 크게 약해집니다. 이후 독일은 200년 동안 통일 국가를 이루지 못한 채 지방의 영주들이 한 지역씩 차지하여 다스리는 지방 분권화가 지속되지요. 한편 프랑스는 알사스, 로렌 지역을 차지하며 유럽의 대국으로 성장했고, 네덜란드와 스위스는 독립 국가가 되었습니다. 종교와 정치의 영역이 분리되어 프로테스탄트에 속하는 루터파와 칼뱅파가 모두 인정받게 되었지요.

베스트팔렌 조약으로 만들어진 유럽을 '베스트팔렌 체제'라고 합니다.

여기서 잠깐! 우리는 베스트팔렌 조약으로 인해 유럽이 어떻게 변화

했는지를 눈여겨봐야 합니다.

　유럽은 신성 로마 제국의 황제를 꼭짓점에 둔 불평등한 체제에서 주권을 가진 독립 국가들이 동등한 지위를 갖는 근대 국가 체제로 바뀌게 되었습니다.

　베스트팔렌 조약의 내용을 보면, 각 국가는 독립적으로 법률을 만들고 세금을 매기고 전쟁을 할 수 있는 '주권'을 지녔으며, 동등하게 교류할 수 있고 다른 나라의 내정에 간섭할 수 없다는 원칙이 명시되어 있습니다. 여기서 주권이란 국가의 의사를 최종적으로 결정하는 권력을 말합니다. 대내적으로는 최고의 절대적 권력이고, 대외적으로는 자주적 독립성을 말합니다. 이런 점 때문에 베스트팔렌 조약이 근대 유럽 국가를 탄생시켰다고 하는 것이지요.

　그런데 말입니다, 국가 간의 평등이란 실제로는 힘 있는 유럽 몇몇 국가에만 해당하는 거였어요. 이후 유럽 여러 나라들은 아시아와 아프리카 국가들을 식민지로 삼아 그 나라들의 주권을 처참하게 짓밟았습니다. 일본과 불평등한 강화도 조약을 억지로 맺은 우리나라도 결국 주권을 빼앗기고 말지요.

　베스트팔렌 조약을 우리가 꼭 알아야 하는 이유가 여기 있어요. 지금도 어쩌면 세계는 베스트팔렌 조약이 일구어 낸 '(말로는) 주권 국가들 간의 평등'한 베스트팔렌 체제에 속한다고 할 수 있습니다. 하지만 (실제로는) 불평등하며 강대국들이 정치·경제·군사·문화적 우위를 바탕으로 약소국을 괴롭히는 것이 냉혹한 국제 사회의 현실이라는 점을 결코 잊지 말아야 합니다.

난징 조약, 잠자는 용을 깨운 불평등 조약

오랜 역사 동안 중국은 남부러울 것이 없는 나라였어요. 굳이 다른 나라와 무역을 할 필요도 없었지요. 중국은 진귀한 비단과 금은보화가 넘쳐나는 땅이었으니까요.

19세기에 영국, 프랑스 같은 서구 열강들은 자기 나라에서 만든 공산품을 내다 팔고 식량이나 원료를 싼값에 사 올 수 있는 해외 식민지를 개척하는 데 열을 올렸어요. 영국은 동인도 회사(17세기에 유럽 여러 나라가 인도 및 동남아시아와 무역하기 위해 동인도에 세운 무역 회사)를 앞세워 어마어마한 중국 시장을 노리고 덤벼들었지만 오히려 심각한 손해를 봤어요.

이 모든 게 '차' 때문이었다고 하면 여러분은 믿기 힘들겠죠?

영국인들이 차를 즐겨 마시는 건 알고 있죠? 영국 사람들은 대부분 아침에 일어나면 차 한 잔을 마시고, 오전과 오후에도 티타임을 가져요. 특히 오후 4~5시 티타임은 영국인들에게 정말 중요해요. 오죽하면 전쟁할 때도 티타임엔 쉰다는 말이 나올까요? 또 저녁 식사 후, 자기 전에 차를 마시죠. 영국인들이 꼭 마셔야 하는 차를 수입해 오려면 중국에 막대한 은을 지불해야 했어요. 비열하게도 영국은 인도에서 생산한 아편(마약)을 중국에 내다 팔아 중국 무역에서 입은 손해를 메꾸기로 했어요.

100여 년 동안 아편 중독이 심각한 사회 문제가 되자 중국 조정(임금이 신하들과 나라의 정치를 의논하고 집행하는 기구)에서는 린쩌쉬 같은 강경론자들이 힘을 얻었어요. 린쩌쉬는 동인도 회사의 밀무역선이 숨긴 아편 2만여 상자를 전부 버리고 영국 상인들을 내쫓았어요.

이 사건을 트집 잡아 1840년 영국은 아편 전쟁을 일으켰어요. 영국 의회는 세계 역사상 가장 추악한 이 전쟁을 승인해 줬지요. 당시 빅토리아 여왕이 다스리던 영국은 '해가 지지 않는 나라'였어요. 영국에서는 해가 지평선 너머로 떨어져 밤이 되어도 해외 곳곳에

있는 영국의 많은 식민지 어딘가에는 해가 뜰 테니까요.

  영국은 이름도 무시무시한 '네메시스(복수의 여신)호'를 앞세워 47척의 함대를 이끌고 중국의 광저우에 나타났어요. 린쩌쉬의 강력한 저항에 부딪히자 영국 함대는 곧바로 중국 청나라의 수도인 베이징을 향해 진격했어요. 남중국해를 거쳐 북쪽으로 올라가면서 베이징의 코앞인 톈진에 상륙해 순식간에 청나라 군대를 물리쳤지요.

  그동안 서구 열강에게 중국은 '잠자는 용'과 같은 존재였어요. 엄청나게 두렵지만 잠자고 있어서 그 능력을 좀처럼 확인할 수 없는……. 영국은 잠자는 용을 창으로 슬쩍 찔렀는데, 잠자는 용은 이빨 빠진 호랑이, 아니 종이호랑이처럼 삽시간에 무너져 버렸어요. 아편 전쟁의 패배로 그동안 장막에 가려져 있던 중국의 실력이 대낮에 훤히 드러난 꼴이 되었지요.

1842년 중국은 영국과 난징 조약을 맺습니다. 홍콩을 영국에 넘겨주고 광저우를 비롯한 다섯 항구를 개항하며, 영국과 대등한 외교관계를 수립하고 막대한 전쟁 배상금까지 물어 준다는 불평등한 조약이었지요.

영국이 중국과 불평등 조약인 난징 조약을 맺자, 프랑스와 미국 같은 다른 서구 열강들도 똑같은 대우를 해 달라며 덤벼들었습니다.

혹시 '조계'라는 말을 들어 본 적이 있나요? 인천의 차이나타운이 바로 중국 청나라의 조계였어요. 조계가 궁금한 어린이들은 부모님과 함께 인천에 놀러 가 보세요.

청나라 조계는 19세기 후반에 영국, 미국, 프랑스 같은 강대국들이 중국의 개항장에 설치한 외국인 거주지입니다. 이곳은 중국의 사법권이 미치지 못하는 구역이었죠. 조계에서 영국인이 중국인을 죽이는 살인 사건이 나도 중국 경찰이 처벌하지 못하는 치외법권 지역이었어요.

난징 조약으로 중국은 반식민 상태로 떨어지게 됩니다. 중국이 천하의 중심이라는 자부심은 땅에 떨어지고, 하늘의 아들이라는 중국 황제를 꼭짓점으로 한 동아시아의 국제 질서도 무너졌습니다.

강화도 조약, 조선의 문호를 연 불평등 조약

1876년 2월 26일, 조선은 운요호 사건을 문제 삼아 사과를 요구하는 일본과 반강제로 강화도 조약을 맺었습니다. 강화도 조약의 정식 이름은 '조일 수호 조규'인데, 단어 순서대로 풀이하자면 조선과 일본이 사이좋게 지내는 '수호'의 조약을 맺는다는 뜻입니다. 강화도 조약은 조선이 맺은 최초의 근대 조약이지만 첫 단추를 잘못 끼운 불평등 조약이자, 불행한 식민지 역사를 잉태한 조약으로 여전히 우리나라 사람들 입에 오르내리고 있습니다.

언뜻 보면 이웃 나라와 사이좋게 지낸다는 조약인데 무슨 문제가 있는 것일까요? 운요호 사건이 무엇이기에 일본이 조선에 사과를 요구한 것일까요? 강화도 조약 이후 조선은 어떤 위기를 맞게 되었을까요?

사실 조선은 일본과 관계에서 늘 미적지근한 태도를 취했어요. 이웃 나라이니 교류하지 않을 수는 없지만 '불가근불가원(不可近不可遠)', 곧 너무 가깝지도 너무 멀지도 않게 지내려고 했지요. 고려 말부터 배를 타고 떼 지어 다니며 물건을 빼앗고 사람을 해치는 일본 해적인 왜구에 시달려 왔거든요. 일본은 앞선 조선의 문명을 받아들이고 무역을 하고 싶어 했지만 조선 입장에서는 크게 아쉬울 게 없었지요.

조선은 줄기차게 무역을 요구하는 일본에게 삼포(부산, 울산, 웅천)에 일본인 마을인 '왜관'을 설치하는 정도로 소극적으로 대응했어요. 일본인들의 발을 왜관 안에 묶어 두고 함부로 조선을 다니지 못하게 하려는 것이었지요. 임진왜란 이후에 일본과 불편한 관계에 놓이자 부산에 '초량 왜관' 정도만 남게 되었어요. 1636년부터 일본에 정식으로 다시 파견하던 조선 통신사도 1811년을 마지막으로 멈추었지요.

한편 일본은 조선의 개항을 강력하게 원했어요. 1854년 일본은 미국의 페리 제독에 의해 강제로 개항하게 되었는데, 그때 자신들이 당한 수법을 고대로 흉내 내어 조선을 개항시키려는 음모를 꾸몄어요. 페리 제독은 군함을 몰고 무력시위(군사적인 힘으로 기세를 드러냄)를 벌인 끝에 일본을 억지로 개항시켰거든요.

개항 이후 일본은 무사들이 지배하는 막부 시대를 끝내고 천황을 중

심으로 새 정부를 구성해 '메이지 유신'이라는 개혁을 이루었어요. 그러고는 서구 열강처럼 공산품을 팔고 식량이나 원료를 구입할 시장을 열렬히 찾고 있었죠. 첫 번째 희생양이 될 나라로 바로 이웃인 조선으로 눈을 돌린 것입니다.

1875년 9월, 일본의 신식 군함 운요호가 해안 조사를 한다며 강화도 초지진에 나타났습니다. 수상한 배가 나타나자 초지진에서 수비를 맡은 조선 병사들이 대포를 쏘았지요. 이에 운요호는 신식 대포로 공격하여 초지진을 쑥대밭으로 만들고 유유히 돌아갔습니다. 그래 놓곤 평화적인 목적으로 온 운요호를 조선 군대가 공격했다며 조선에 모든 잘못을 뒤집어씌워 사과와 배상까지 강요했습니다.

결국 이듬해 조선과 일본은 강화도 조약을 맺게 됩니다. 이 조약으로 바깥 세계에 빗장을 꽁꽁 걸어 잠갔던 조선은 문호를 열고, 다른 나라와 교역을 금하는 쇄국 정책은 영영 사라졌습니다. 조선은 부산에 이어 인천과 원산을 개항하고, 개항장은 조선의 사법권이 미치지 않는 치외법권 지역이 되었습니다.

강화도 조약에서 가장 문제가 된 건, '제1조 조선은 자주 국가로 일본과 동등한 권리를 지닌다.'는 조항이었어요.

여러분은 "아니, 이게 왜 문제가 되죠?" 하고 고개를 갸웃거릴 거예요. 당시 조선은 실제로는 독립 국가로서 주권을 지니되 형식적으로는 중국을 큰 나라로 섬기며 조공을 바치는 관계였어요. 일본은 그런 조선과 중국의 관계를 깨부수어서 조선이 중국의 간섭과 보호를 더 이상 받지 못하도록 한 거예요. 허울 좋은 자주 국가로 대우하는 척하면서 일본이 조선을 맘대로 침략할 수 있게 만든 조항이었던 것이죠.

  강화도 조약을 맺은 뒤 프랑스, 미국, 영국 같은 서구 열강들이 온갖 이권을 노리고 조선에 개항을 요구하는 사태가 벌어졌으며, 결국 조선은 일본의 식민지로 떨어지고 맙니다.

3.
정치 뉴스가 쏙쏙, 전쟁 없는 평화로운 세계를 위한 국제조약

이 장에서는 뉴스의 정치면에서 만날 수 있는 국제조약에 대해 알아봅니다. 전쟁을 막고 인류가 더불어 번영할 수 있도록 맺은 조약들입니다.

제네바 협약, 전쟁터에서 꽃핀 인도주의

어찌 보면 인류의 역사는 전쟁이라는 흉터로 얼룩진 역사입니다. 전쟁은 우리가 지겨울 정도로 매일 반복하는 일상생활, 가족과 친구랑 누리는 작은 평화조차 송두리째 앗아 갑니다. 만약 여러분이 전쟁을 겪게 된다면 매일 아침 되풀이되던 엄마의 잔소리나 친구와의 사소한 다툼조차 몹시 그리워질 거예요.

전쟁의 폭력 앞에서는 그 누구도 최소한의 인간 존엄성조차 지킬 수 없습니다.

모든 전쟁을 막을 수는 없다고 해도 피 흘리는 전쟁터에서도 최소한의 인권을 지킬 수는 없을까요?

이런 인도주의적인(인간의 존엄성을 최고의 가치로 여기고 인종, 민족, 국가, 종교 차이를 뛰어넘는 태도) 생각을 실제 행동으로 옮기고 그것을 국제조약으로 탄생시키는 데 산파(아이를 낳을 때 도와주는 이) 역할을 한 사람이 있습니다. 바로 앙리 뒤낭입니다.

뒤낭은 부상자를 구호하는 과정에서 얻은 생각들을 『솔페리노의 회상』(1862년)이라는 책에 남겼습니다. 이 책이 세상의 뜨거운 호응을 받아 국적에 구애받지 않고 부상자 구호 활동을 펼치는 국제적십자위원회(1863년)와 제네바 협약(1864년)이 탄생하게 되었지요. 제네바 협약은 전쟁에 관한 조약으로, 네 차례에 걸쳐 체결되었으며 1949년에 모두 개정되었어요.

앙리 뒤낭의 인도주의

1859년 6월 24일, 스위스의 제네바에 사는 부유한 사업가 앙리 뒤낭은 이탈리아의 솔페리노를 지나치게 되었습니다. 사업차 떠난 여행길에서 우연히 이탈리아 통일 전쟁 중에 벌어진 솔페리노 전투를 목격하게 된 것이지요.

프랑스·샤르데냐 연합군과 오스트리아군 사이에 벌어진 그날 전투에 대략 35만여 명의 병력이 투입되었어요. 이 전투에서 하루 동안 6천여 명이 죽고 4만여 명의 부상자가 발생했습니다.

그 전쟁터의 모습이 얼마나 참혹했을까요? 시체가 나뒹굴고 여기저기에 손발이 잘린 채 피를 흘리는 부상병들의 신음 소리가 들렸지요. 지옥이 있다면 그곳이 생지옥이었겠지요.

뒤낭은 그 끔찍한 현장에서 가던 발길을 멈추고 부상자를 구호하기 시작했어요. 첫날은 혼자서, 나중에는 마을 부녀자들의 도움을 받아서 부상자들의 피를 닦고, 붕대를 감아 주고, 물과 식량을 나누어 주었습니다.

뒤낭은 네 편 내 편 가르지 않고 부상자들을 전심전력을 다해 돌보았습니다. 서로에게 총구를 겨누고 있는 군인이라면 아군과 적군의 구별이 있겠지만 총을 내려놓은 부상병은 더 이상 군인이 아니라는, 인도주의에 바탕한 행동이었지요.

제네바 협약

1차 협약(1864년): 전쟁터의 부상병에 관한 조약
2차 협약(1906년): 바다에서 부상자와 난파자에 관한 조약
3차 협약(1929년): 전쟁 포로의 대우에 관한 조약
4차 협약(1949년): 전쟁 중 민간인 보호에 관한 조약

　　제네바 협약은 전쟁터의 부상병 구호에서 시작되었고, 2차 협약에서는 바다에서 벌어지는 해전에서 부상을 당하거나, 항해 중인 배가 폭풍우를 만나 부서지거나 뒤집힐 때 생기는 부상자에 대한 조약이 생겨났지요.
　　3차 협약은 전쟁 포로, 즉 사로잡은 적군에 대한 조약이라는 점에서 인류 역사상 매우 놀랄 만한 인권 조약입니다. 고대에는 전투에서 사로잡힌 포로는 노예 신세를 면치 못했고 인간 이하의 대우를 받으며 가혹한 조건에서 살아가야 했거든요. 제네바 협약에서는 전쟁 포로의 수용소 생활 가운데 음식, 물, 운동, 노동에 관해 자세하게 규정하고 전쟁 포로를 고문할 수 없게 선언해 놓았습니다. 전쟁이 끝나면 포로를 즉시 본국으로 돌려보내거나 중립국에서 살아갈 수 있도록 했지요.

4차 협약은 군인이 아닌 민간인에 대한 보호 조약입니다. 전쟁이 일어나면 어린이와 여성, 노약자 같은 민간인이 큰 피해를 입는다는 점에서 중요한 조항이지요.

제네바 협약은 국적과 종교와 인종과 이념을 떠나 어느 편에도 기울지 않는 엄격한 중립성을 원칙으로 하고 있습니다.

우리나라는 대한 제국 시절인 1903년에 제네바 협약에 가입하고 1905년에 대한적십자사가 세워졌습니다. 또한 1966년에 개정된 제네바 협약에 가입하고 정식으로 비준했어요. 다만 3차 협약의 전쟁 포로 강제 송환에 대해서는 분단된 현실을 감안해서 유보 조항으로 두고 있습니다. 훗날로 미루어 둔 것이지요.

제네바 협약은 생긴 지 오래됐지만 실제 현실에서는 잘 지켜지지 않는 경우도 많아요.

한번은 이런 일도 있었지요. 미국과 이라크가 전쟁을 벌이는 중에 이라크의 아부그라이브 수용소에서 미군이 포로를 학대한 사건이 일어나 전 세계에 큰 충격을 주었습니다. 2004년 미국의 씨비에스(CBS) 방송에 공개된 사진에는 이라크 포로들이 알몸으로 인간 피라미드를 만들고 심지어 개 목걸이를 한 채 끌려다니는 장면들이 생생하게 찍혀 있었습니다. 전 세계 사람들이 분노하는 가운데 미군 수백 명이 징계와 처벌을 받았어요. 2013년에는 포로 학대에 참여한 민간 통역 업체가 어마어마한 거액의 배상금을 이라크 포로와 그 가족들에게 물어 주라는 판결을 받았습니다. 이 모든 게 제네바 협약을 어긴 것에 대한 징벌과 배상이었지요!

전쟁터에서도 인간 존엄성을 지키고자 애쓰고 전 생애를 평화 운동과 적십자 운동에 바친 앙리 뒤낭은 인류에 끼친 위대한 공로를 인정받아 1901년 최초의 노벨 평화상 수상자가 되었답니다. 그의 인도주의 사상은 오늘날까지도 제네바 협약으로 이어져 내려오고 있습니다.

북대서양 조약, 미국과 유럽의 군사 동맹 조약

1945년 제2차 세계대전이 끝나자마자 세계는 '냉전 체제'에 접어들었습니다. 무기를 들고 싸우는 뜨거운 전쟁인 '열전'은 끝났지만 미국과 서유럽 국가, 소련과 동유럽 국가들은 사사건건 부딪치며 갈등과 대립의 칼날을 곤두세우는 '냉전'을 펼쳤지요.

이 글을 읽는 어린이들에게는 낯설겠지만 소련(소비에트 사회주의 공화국 연방)은 1922년부터 1991년까지 있던 사회주의 국가였어요. 지금은 러시아가 그 뒤를 잇고 있지요. 소련은 미국과 더불어 초강대국의 지위를 누렸으며 동유럽에 있는 여러 나라들을 위성 국가로 거느렸지요.

소련 하면 첩보 영화 '007 시리즈'를 떠올리는 사람들이 많아요. 이 시리즈는 냉전이 한창이던 1962년에 첫선을 보였어요. 영국 첩보원

제임스 본드가 주인공으로, 소련의 첩보 기관인 케이지비(KGB) 요원이 상대역인 단골 악당으로 등장했죠. 좀 이상하게 들리겠지만 영국인인 제임스 본드를 선한 우리 편으로, 상대역인 소련인 케이지비 요원을 절대 악으로 편가름하던 시절이었지요. 이제 어렴풋하게라도 냉전 시대의 분위기가 상상되나요?

이렇게 미국과 소련이 대립하던 냉전 시대에 1949년 북대서양을 사이에 두고 마주한 미국과 서유럽 국가들이 집단 안전 보장 체제를 만들기 위해 북대서양 조약을 맺었습니다. 이 조약에 가입한 나라는 미국, 영국, 프랑스, 벨기에, 네덜란드, 룩셈부르크, 캐나다, 이탈리아, 포르투갈, 노르웨이, 덴마크, 아이슬란드였습니다. 한국 전쟁에 참전한 뒤 그리스와 튀르키예가 가입을 승인받았고요.

한마디로 북대서양 조약의 핵심은 '군사 동맹'입니다. 조약에 가입한 어느 나라든 무력 공격을 받으면 이는 북대서양 조약에 가입한 나라 전체에 대한 공격으로 여기고 무력을 사용해서라도 도와준다는 것입니다.

1950년에는 유럽연합군, 즉 나토(NATO)군을 창설했습니다. 나토군은 세계 최대의 다국적 군대로서 때때로 대규모 군사 훈련을 벌이기도 합니다.

나토군의 위세가 얼마나 대단한지 짐작할 수 있는 일화가 있습니다. 국가의 중요 비밀 문서는 일정 기간이 지나면 공개하는데, 2015년에 기밀 해제된 문서에 따르면 1983년에 실시된 나토군의 대규모 군사 훈련을 두고 소련이 자신들에 대한 핵 공격 훈련으로 판단해서 극심한 공포에 시달렸다고 합니다.

  북서대양 조약에 맞서 1955년 소련은 동부 유럽 나라인 폴란드, 체코, 동독, 헝가리, 루마니아, 불가리아, 알바니아와 함께 '바르샤바 조약 기구'를 만들기도 했어요. 이른바 동구권의 군사 동맹인 셈이었죠.

  1991년 소련과 동구권이 몰락한 뒤에도 북대서양 조약 기구는 여전히 살아남아 있어요. 옛날 바르샤바 조약 기구 회원국이었던 나라들까지 가입해서 현재 28개국이 가입되어 있습니다. 본부는 벨기에의

수도 브뤼셀에 있습니다.

핵확산금지 조약(NPT), 인류의 멸망을 막으려는 노력

2016년 1월 6일, 새해 벽두부터 북한이 수소 폭탄 실험을 했다는 소식에 전 세계가 요동쳤어요. 북한에서 실시된 첫 번째 수소 폭탄 실험이고 네 번째 핵 실험이었어요. 세계가 핵 실험 자체를 금지하는 분위기인 가운데 21세기 들어서 최초로 한 핵 실험인 만큼 전 세계에 던진 충격이 컸지요.

2013년 초를 기준으로 미국과학자연맹(FAS: Federation of American Scientists)이 대략 계산한 바에 따르면, 전 세계 핵무기 보유량은 러시아 8500개, 미국 7700개, 프랑스 300개, 중국 250개, 영국 225개라고 합니다. 핵무기를 갖고 있는 나라를 '핵무기 보유국', 핵무기를 갖지 않은 나라를 '핵무기 비보유국'이라고 하지요.

세계 최초로 핵무기를 생산한 나라는 미국입니다. 핵무기란 원자

폭탄이나 수소 폭탄 따위의 핵반응으로 생기는 어마어마한 힘을 이용해 만든 무기를 말합니다. 세계 최초로 핵무기를 사용한 나라도 미국입니다.

이상한 건 미국과 소련, 영국, 중국, 프랑스 등 일찍이 핵무기를 개발한 나라들을 중심으로 핵 확산을 금지하려는 움직임이 생겼다는 것입니다. 어쨌든 이런 노력이 결실을 맺어 1968년 핵확산금지 조약(NPT: Nuclear Nonproliferation Treaty)이 체결되었습니다. 주요 내용으로는 핵의 비확산, 핵무기 축소, 핵 기술의 평화적 사용이 있습니다.

핵확산금지 조약은 한마디로 핵무기를 갖지 않은 나라가 핵무기를 갖는 것과 핵무기 보유 국가가 비보유 국가에게 핵무기를 제공하는 것을 금지하는 조약입니다.

핵 보유국은 핵무기를 줄이려는 노력만 하면 되지만 핵 비보유국은 핵이 평화를 목적으로 사용되고 있는지 국제원자력기구(IAEA: International Atomic Energy Agency)의 핵 사찰도 받아야 합니다. 국제원자력기구의 핵 사찰 활동은 뉴스의 단골 메뉴일 만큼 자주 등장합니다.

이 조약은 핵무기가 인류를 멸망시킬지도 모른다는 위기감에서 탄생했어요. 하지만 이 조약을 들여다보면 볼수록 '불평등 조약'입니다. 한마디로 힘센 나라는 핵무기를 보유하고 있으면서 다른 나라가 갖는 것은 막겠다는 것이지요. 게다가 이 조약에 가입하지 않은 나라나 비밀리에 핵무기를 개발하는 나라를 어떻게 할

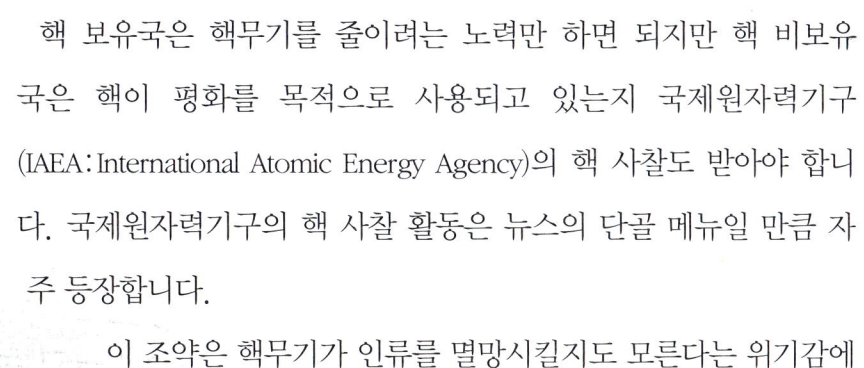

수 없는 것도 문제입니다. 실제로 인도나 이스라엘, 파키스탄은 비밀리에 핵무기를 개발한 것으로 알려져 있어요.

또한 이 조약을 체결한 나라도 언제든지 탈퇴할 수 있도록 규정해 놓았어요. 남한은 1975년에 가입했어요. 북한은 1985년 뒤늦게 가입했으나 국제원자력기구가 영변에 핵 시설로 의심되는 시설이 있다며 추가 사찰을 요구하자 이를 거부하고 1993년 탈퇴를 선언했습니다. 그 뒤 북한은 2006년부터 2016년 9월 9일까지 다섯 차례에 걸쳐 핵실험을 하고 핵 보유국이 되었습니다.

사실 핵을 평화롭게 사용한다는 것도 속을 들여다보면 골칫덩어리입니다.

아직도 우리 기억에 생생하게 남아 있는 일본 후쿠시마 원전 사고!

2011년 3월 11일, 일본에서 진도 9의 엄청나게 큰 지진이 일어났어요. 이 지진으로 해일이 후쿠시마를 덮쳐 후쿠시마 원자력 발전소에서 방사능이 유출되었지요. 사고 당시 봤던 영상들이 지금도 너무나 생생하게 떠오릅니다. 여러분이 지금 바로 인터넷에서 '후쿠시마 원전'을 검색하면 차마 눈 뜨고는 볼 수 없는 끔찍한 사진이 수없이 많이 뜰 거예요.

　이 사고의 영향으로 일본은 나라 전체가 흔들리고 있지요. 우리나라를 포함한 이웃 나라에도 엄청난 피해를 주고 있고요. 후쿠시마 원전 사고는 현재 진행형입니다.

　시간이 지나면 원자력 발전소의 방사능 유출 사고가 해결될까요?

　1986년 4월 26일에 일어난 소련의 체르노빌 원자로 4호기의 폭발

사고로 소련과 유럽이 큰 피해를 입었지요. 체르노빌 원전 사고는 원전 책임자가 비상 발전기 가동을 실험하려고 무리하게 '단 1초간' 전원을 끊으려다가 원전이 폭발한 사고였습니다. 이 사고로 이제까지 98만 명이 사망한 것으로 알려져 있어요.

2014년 미국의 한 방송사가 무인기 드론을 이용해 촬영한 체르노빌은 여전히 사람이 살지 않는 유령 도시입니다. 체르노빌 원전 사고도 현재 진행형입니다.

2015년 노벨 문학상은 체르노빌 원전 폭발 사고의 후유증을 다룬 『체르노빌의 목소리』(1997년)를 쓴 스베틀라나 알렉시예비치에게 돌아갔습니다. 이 책에서 스베틀라나는 "나는 과거에 대한 책을 썼지만, 그것은 미래를 닮았다."라고 경고하고 있습니다. 원전 사고가 과거에 그치지 않고 미래에도 일어날 가능성이 충분하다는 말이죠. 체르노빌과 후쿠시마 원전 사고를 목격하면서도 전 세계에서는 아직도 원자력 발전소가 돌아가고 있습니다.

여러분, 아세요? 원자력 발전소는 우리나라에도 25기가 있습니다. 2014년 정부는 가장 오래된 핵 발전소인 고리 원전 1호기(1978년)를 재가동하는 걸 승인했습니다. 고리 원전 1호기는 설계 수명인 30년을 훌쩍 넘었지만 여전히 가동되고 있어요. 고리 원전은 알려진 고장 사고만 130회에 달합니다. 만약 원전 사고가 날 경우 후쿠시마 못지않은 피해를 줄 것이며 약 85만 명이 사망할 것으로 예측하고 있습니다.

유럽연합 조약, 하나의 유럽을 향해!

2002년부터 우리나라 여행객들은 유럽으로 여행 갈 때 우리 돈을 유로화로 바꿉니다. (단, 영국과 스위스는 여전히 파운드화와 프랑화를 쓰고 있어요.) 유럽 안에서 국경을 넘을 때는 여권을 제시할 필요조차 없어요. 여행객은 외국에서 산 물건에 대한 세금을 공항에서 돌려받을 수 있는데, 프랑스에서 산 물건의 영수증을 보이면 네덜란드에서 돌려받을 수 있습니다. 이 모든 게 유럽연합 덕분이죠!

1992년 네덜란드의 마스트리흐트에서 맺은 유럽연합 조약으로 유럽은 하나의 유럽, '유럽연합(EU : European Union)'으로 탄생했습니다. 유럽연합은 실체가 있는 조직입니다. 유럽연합 본부는 벨기에의 브뤼셀에, 유럽중앙은행은 독일의 프랑크푸르트에, 유럽의회는 프랑스의 스트라스부르에 있지요.

유럽은 어떻게 유럽연합을 탄생시켰을까요?

유럽은 그리 넓지 않은 땅에 고유한 역사와 문화를 지닌 나라들이 다닥다닥 붙어 있습니다. 크고 작은 전쟁도 끊이지 않아서 유럽 전체가 휘말린 굵직한 전쟁만 해도 30년 종교 전쟁과 제1, 2차 세계대전이 있습니다.

숱한 전쟁을 치르면서 평화에 대한 열망도 커진 걸까요? 하나의 유럽을 향한 꿈은 오래되었으며 하나씩 단계를 밟아 점진적으로 이루어졌습니다. 우선 경제 공동체인 유럽석탄철강공동체(European Coal and Steel Community)와 유럽공동체(European Community)를 거쳐 유럽연합이 탄생했습니다.

유럽연합 조약의 세 기둥은 다음과 같습니다.

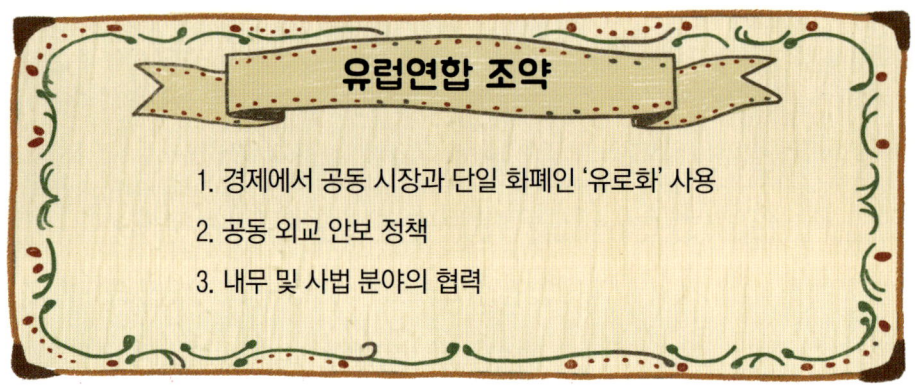

유럽연합 조약

1. 경제에서 공동 시장과 단일 화폐인 '유로화' 사용
2. 공동 외교 안보 정책
3. 내무 및 사법 분야의 협력

유럽연합 안에서는 사람과 물자가 자유롭게 왕래합니다. 하나의 시장이 되어 나라 사이에 있는 관세 장벽을 없애고 자유롭게 기업 활동을 할 수 있어요. 외교나 군사적인 문제에 공동으로 대응하고 사법 분야까지 힘을 모으기로 했지요.

일상생활에서 각 나라의 시민들은 유럽연합 내에서 특별 대우를 받습니다. 공항을 통과할 때도, 외국에 유학을 갈 때도, 사업을 할 때도 거의 내국인과 같은 수준의 특혜를 받습니다.

하지만 유럽연합이 순풍에 돛을 단 듯 순조롭게 꾸려 나가는 것만은 아닙니다. 규모가 커지면서 점차 문제가 생겨나기 시작했지요. 제

각각 주권을 지닌 나라들이 한 살림을 시작했으니 얼마나 문제가 많겠어요? 유럽연합 안에서 가난한 나라와 부자 나라와의 갈등이 심해지고, 그리스가 경제 위기를 맞았으며, 경제 대국인 독일의 영향력이 갈수록 커지는 것을 경계하는 목소리도 높아지고 있습니다. 개중에는 영국같이 유럽연합을 탈퇴하자는 여론이 강한 나라도 있지요. 결국 영국은 2016년 국민투표를 통해 유럽연합 탈퇴를 결정했어요. 그렇지만 아직까지는 유럽연합 소속 국가입니다. 유예 기간이 2년이거든요.

그럼에도 불구하고 얼마 전까지 서로에게 총구를 겨누던 유럽 여러 나라들이 하나의 유럽으로 통합된 것은, 전쟁 없는 평화로운 세계를 향한 인류의 노력에서 커다란 진보가 아닐 수 없습니다.

2016년 현재 28개국이 유럽연합 조약에 가입되어 있습니다. 그리스, 네덜란드, 덴마크, 독일, 라트비아, 루마니아, 룩셈부르크, 리투아니아, 몰타, 벨기에, 불가리아, 스웨덴, 슬로바키아, 슬로베니아, 아일랜드, 에스토니아, 에스파냐, 영국, 오스트리아, 이탈리아, 체코, 크로아티아, 키프로스, 포르투갈, 폴란드, 프랑스, 핀란드, 헝가리가 그 28개국입니다.

난민의 지위에 관한 협약

 2015년 9월 2일, 튀르키예 해변에서 싸늘한 시체로 발견된 아일란 쿠르디의 사진이 공개되면서 전 세계 사람들이 눈물을 흘렸습니다.
 파도가 철썩거리는 모래사장에 엎드린 세 살배기 꼬마 아일란!
 도대체 이 꼬마가 왜 이런 일을 겪어야 하는 걸까요?
 세계의 네티즌들은 행복했던 시절의 천진난만한 아일란의 사진을 보며 또 한 번 눈물을 흘렸어요. 꼬마 아일란에게 날개를 달아 주거나 손에 꽃을 쥐여 주어 아일란의 넋을 위로했습니다. 시리아 내전을 피해 허름한 배를 타고 유럽으로 도망치던 아일란의 가족은 아버지만 살아남고 모두 목숨을 잃었습니다.
 같은 해 9월 8일에는 아기를 안고 달아나는 시리아 남성의 발을 걸어 넘어뜨린 헝가리 방송 여기자가 전 세계 사람들의 분노를 샀습니다. 잔인하기 짝이 없는 행동에 전 세계 여론이 들끓었고 그 여기자는 방송국에서 해고되었습니다.

이런 사건으로 유럽으로 도망치려는 난민에 대한 관심이 높아졌습니다. 꼬마 아일란의 사건을 계기로 시리아 난민을 받아들이는 데 소극적이었던 유럽 여러 나라의 태도가 변했습니다. 특히 독일의 메르켈 총리는 시리아 난민을 무제한으로 받아들이겠다고 해서 세계인의 존경을 받았습니다. 캐나다 총리 트뤼도는 직접 공항에 나가 난민들을 맞이해서 인기가 치솟았습니다.

난민은 전쟁이나 재난으로 곤경에 빠진 사람들을 말합니다. 누구든 어느 나라 국민이든 자기 나라에 내전이 터지면 언제든 난민이 될 수 있지요.

1951년 채택된 '난민의 지위에 관한 협약' 1조에서는 난민을 인종, 종교, 국적, 정치적 견해 차이 등의 이유로 자기 나라에서 박해(못살게 굴어서 해롭게 함)를 받을 우려가 있는 사람들로 정의 내리고 있습니다. 그렇기에 33조에서는 중대 범죄를 저지른 경우를 제외하고는 이러한 난민을 본국으로 내쫓거나 돌려보내는 것을 금지하고 있지요. 본국으로 돌려보내면 박해를 받을 게 뻔히 예상된다는 것이죠!

난민 협약에서는 난민에게 배급, 주거, 초등 교육을 제공하고 노동에 대해 임금을 줄 것을 규정하고 있어요. 인종, 종교, 국적에 의한 차별 없이 이런 협약을 적용할 것을 규정하고 있습니다.

우리나라는 1992년에 난민 협약에 가입했습니다.

비록 국적이나 종교, 인종은 달라도 어려움에 처한 난민을 보호해야 한다는 뜨거운 인류애가 드러난 것이기는 하나 현실적으로는 난민을 수용하는 데 넘어야 할 산이 많습니다. 난민을 수용하는 데 많은 비용이 드는 데다 난민들이 사회에 통합되는 데에도 어려움을 겪고 있어 난민 협약을 그대로 지키지 못하고 있는 것이 현실입니다.

4.
경제 뉴스가 쏙쏙, 세계 경제 질서를 위한 국제조약

이제 이 책에서 가장 높고 험한 봉우리 앞에 섰습니다. 경제 이야기가 나오면 골치가 지끈지끈 아프다고요? 걱정 마세요. 하나씩 차근차근 알아 가다 보면 속 시원하게 이해하게 될 테니까요. 이 장에서는 세계 경제 질서를 만든 몇몇 조약에 대해 알아봅니다.

브레턴우즈 협정, 미국 달러 중심의 국제 통화 질서를 짜다

제2차 세계대전이 끝난 1945년 이후 세계 각국은 좀 더 긴밀한 사이가 됐어요. 무슨 이야기냐면, 미국을 비롯한 강대국들이 자기들을 중심으로 세계 질서를 짜고 세계를 그렇게 움직이려고 했던 거예요. 다른 나라들은 알게 모르게 그런 세계 질서 속에 끼어들게 되었고요.

정치·군사적인 측면에서는 앞장에서 살펴본 북대서양 조약, 그리고 경제적인 측면에서는 브레턴우즈 협정에 의해 제2차 세계대전 이후 세계 질서의 밑그림이 그려졌습니다.

이런 세계 질서는 우리가 피하고 싶다고 해서 피할 수 있는 게 아니라는 점에서 꼭 알아 두어야겠죠?

제2차 세계대전이 끝나기 바로 전해인 1944년, 각 나라에서 내로라하는 경제 분야 전문가들이 미국의 브레턴우즈에 속속 모여 들었습니다.

브레턴우즈 협정을 말하려면 1929년의 대공황을 먼저 알아야 합니다. 왜냐하면 각국 대표들은 전 세계를 휘청거리게 한 1929년 대공황 같은 일이 다시 벌어지지 않기를 바랐거든요.

전 세계적으로 불황이 계속되자 기업이 쓰러지고 소비는 줄어들고 일자리를 잃은 실업자가 늘어났어요. 요즘도 뉴스에서 불황이니, 경기가 나빠서 살기 힘들다느니 하는 이야기를 들어 봤을 거예요.

대공황 직전에 각 나라들은 일단 나부터 살고 보자는 식으로 대응했어요. 수출에 유리하게 자기 나라의 화폐 가치를 마구마구 낮추었고, 자기 나라 산업을 보호하기 위해 관세를 높게 매겼습니다.

관세는 나라에서 수출이나 수입하는 물건에 매기는 세금이에요. 수입 관세를

높게 매기면 외국에서 사 온 물건 가격이 올라 잘 안 팔리게 되지요.

마침내 1929년 대공황이 일어나 세계 경제는 파탄에 이르고 말았습니다. 각 나라 대표들은 브레턴우즈에 모여 어떻게 국제 금융과 세계 통화를 안정시키고 세계 무역 자유화를 이룰 것인가에 대해 머리를 맞대었지요.

어렵고 딱딱한 용어가 세 차례나 연이어 나오니 정신이 없지요? 아주아주 쉽게 말하자면, 나라와 나라 사이에 물건을 사고파는 것을 '무역'이라고 해요. 이 무역에서 물건값으로 치르는 돈을 어느 나라의 화폐로 할 것인가, 나라마다 사용하는 화폐가 다르니 나라 간에 화폐를 교환하는 비율을 어떻게 정할 것인가, 어떻게 하면 나라 사이에 이루어지는 세계 무역이 자유롭고 활발하게 이루어질 수 있을까 하는 문제였지요.

1929년 대공황을 통해 세계 경제를 '보이지 않는 손'에 맡겨 두는 자유방임주의(경제 정책에서 국가의 간섭을 최소화하고 기업의 자유를 최대한 보장하는 이론)는 더 이상 통할 수 없다는 뼈저린 깨달음을 얻은 뒤였고요.

각 나라 대표들

은 열심히 의논한 끝에 브레턴우즈 협정을 맺었습니다. 브레턴우즈 협정은 세 가지로 요약됩니다.

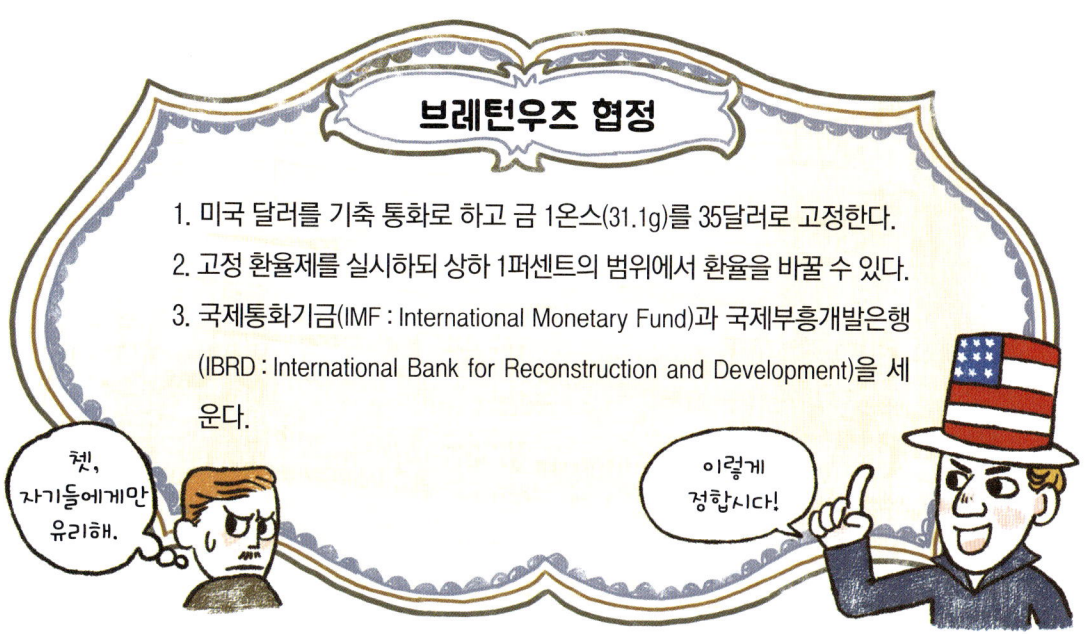

1번 항목은 아주 쉽게 말하자면 미국의 달러가 금 대신 쓰인다는 것입니다. 금은 누구나 갖고 싶어 하는 물건이지요. 우리가 쓰는 종이 화폐가 그 자체로는 가치가 없으므로 액면가(화폐에 적힌 액수)에 해당하는 금을 은행에서 갖고 있어야 합니다. 예를 들어, 100달러를 은행에 가져가면 그 값어치만큼의 금을 내준다는 약속과 믿음이 깔려 있지요. 그렇지 않으면 종이 화폐는 그야말로 종잇조각일 뿐입니다. 금

1온스를 35달러로 정한 것은 달러의 가치를 그 값어치로 정한 것입니다.

기축 통화란 나라와 나라 사이에 물건을 사고팔거나(국제 무역) 돈을 주고받을 때(국제 금융) 두루 사용할 수 있도록 국제적으로 인정받은 화폐를 말합니다.

예를 들면, A라는 나라가 B라는 나라의 상품을 산다고 할 때 A나라는 B나라에게 자기 나라의 화폐가 아니라 기축 통화인 달러로 지불해야 한다는 것이지요. 달러가 국제 무역에서 쓰이는 화폐이니까요. 그런 만큼 모든 나라가 달러를 많이 갖고 있을수록 유리하고, 달러를 찍어 내는 미국이 제일 유리하겠지요. 물론 미국은 달러를 찍는 만큼의 금을 갖고 있어야 합니다.

2번 항목은 다른 나라의 화폐들은 달러를 기준으로 값어치를 매긴다는 뜻입니다. 환율이란 자기 나라 돈과 다른 나라 돈의 교환 비율을 말하는데 브레턴우즈 협정에서는 환율을 고정시켜 버린 것입니다. 대공황 때처럼 수출에 유리하게 하려고 자기 나라 화폐의 가치를 마구 떨어뜨린 환율 전쟁을 피하고 싶었던 것이지요.

참고로 지금은 변동 환율제입니다. 뉴스에 매일 원(₩)·달러($) 환율이 표시됩니다. 은행에 가면 매일 달라지는 각국의 환율을 알 수

있어요.

3번 항목은 우리에게도 익숙한 이름이죠? 1997년 12월 3일, 우리나라는 국제통화기금에서 긴급 구제 금융으로 20억 달러를 빌려 간신히 국가 부도 위기를 모면했습니다. 국가도 회사처럼 부도날 수 있다는 사실을 그때 알았습니다. 우리나라의 외환 보유액이 바닥나서 외국에 물건값을 치를 달러가 부족하자 20억 달러를 꾸어 온 것입니다. 빚을 진 동안 우리나라는 국제통화기금으로부터 이래라저래라 하는 간섭을 받아야만 했습니다. 이 시절에 직장을 잃은 이들이 거리로 쏟아져 나왔지요. 온 국민이 금 모으기 운동도 벌였고요. 2001년 8월 23일에야 빚을 다 갚고 국제통화기금의 관리에서 가까스로 벗어났지요.

국제통화기금은 부자 나라들이 달러를 내어 보유하고 있다가 외환이 부족해서 위기를 겪고 있는 나라에 긴급하게 빌려 주는 곳입니다.

국제부흥개발은행은 경제 개발을 해야 하는데 자본이 부족한 저개발국에 필요한 자금을 지원해 주는 곳입니다.

브레턴우즈 협정으로 만들어진 세계 경제 질서를 '브레턴우즈 체제'

라고 합니다. 브레턴우즈 체제는 미국의 엄청난 부를 바탕으로 짠 체계이며 그만큼 미국에 유리한 체제입니다. 또한 미국이 어마어마한 양의 금을 보유하고 있을 때 가능한 것이었죠.

1971년 미국은 달러와 금을 바꾸어 준다는 원칙을 포기했습니다. 지금 세계의 기축 통화는 미국의 달러화, 유럽연합의 유로화, 영국의 파운드화, 일본의 엔화, 중국의 위안화입니다.

크고 작은 변화에도 불구하고 세계 경제 질서는 여전히 브레턴우즈 체제에 머물러 있습니다. 달러가 여전히 기축 통화의 하나로 자리 잡고 있으며 자유 무역주의는 점점 강화되는 추세입니다.

세계무역기구(WTO) 설립을 위한 마라케쉬 협정

제2차 세계대전 이후 세계 경제 질서는 국제 통화에서는 브레턴우즈 협정, 국제 무역에서는 1947년 '관세 및 무역에 관한 일반 협정(GATT : General Agreement on Tariffs and Trade)'으로 완성되었어요. 줄여서 '가트'라고 부르기도 합니다.

헷갈리지 않게 초간단으로 정리하면 '국제 통화'와 '국제 무역'으로 구분하면 됩니다. 쉽게 말해서 브레턴우즈 협정으로 달러를 기축 통화로 한 국제 통화 질서가 만들어졌다면, 가트로 '차별 없는' 세계 자유 무역 질서가 세워진 거죠.

가트는 예를 들어 A라는 나라가 B라는 나라와 무역을 할 때 가장 유리한 조건으로 관세를 없애거나 낮추어 주는 '최혜국 대우'를 한다면 C, D, E, F라는 나라에도 같은 대우를 해 주어야 한다는 뜻이에요. 그게 바로 '차별 없는'의 뜻이지요.

가트는 관세 장벽을 낮춰 수출과 수입을 활발하게 하는 자유 무역을 지지하는 입장입니다. 여기에는 자기 나라 산업을 보호하는 '보호 무역주의'에 맞서 세계 무역의 규모를 키워 국제 경제의 번영을 이루자는 포부가 담겨 있어요.

언뜻 보면 각 나라가 자유롭고 평등하게 국제 무역을 하는 것처럼 보이지만 찬찬히 속을 들여다보면 전혀 그렇지 않아요. 가트는 선진국에 유리한 조약입니다.

예를 들어, 가트 체제하에서 자동차에 대한 수입 관세를 낮춘다고 합시다. 외제 차와 국산 차의 가격이 비슷하다면 소비자들은 질적으로 우수한 외제 차를 선호하겠지요. 그럼 국산 차를 사는 사람이 적어지니 국산 차 제조업은 무너지고요. 그래서 국내 산업이 성장하여 국외 산업과 경쟁할 수 있을 때까지 어느 정도 국내 산업을 보호하는 게 '보호 무역주의'입니다.

이렇듯 가트는 국가 사이에 첨예한 이해관계가 걸린 문제여서 갈등과 분쟁이 일어날 소지가 많았어요. 이후 각 나라는 8차례에 걸쳐 라운드(원탁)에 모여 국제 무역에 관한 여러 문제를 의논하게 되었어요. 6차 회담인 케네디 라운드에서는 '반덤핑 협정'을 맺어 선진국이 개발

세계무역기구의 강력한 무기는?

여러분이 인터넷 검색창의 뉴스난에 '세계무역기구'라고 치면 분쟁 관련 기사가 주르륵 뜰 거예요. A라는 나라가 B라는 나라를 세계무역기구에 제소했다느니, B라는 나라가 반소를 제기했다느니…….

만약 B나라가 협정을 위반했다는 불만을 A나라가 품으면 A나라는 B나라를 세계무역기구에 제소할 수 있어요. 세계무역기구는 두 나라 사이를 중재하면서(친구 사이에 다툼이 생기면 가운데서 둘 사이를 화해시키는 친구가 있죠? 바로 그런 게 중재예요.) B나라에게 잘못된 점을 바로잡으라고 권고할 수 있는데, 그럼에도 B나라가 고치지 않으면 A나라는 B나라에게 '보복 조치'를 취할 수 있어요. 이 보복 조치가 강력한 무기가 되죠.

최근 미국의 가전 업체 월풀이 한국산 세탁기가 생산비보다 낮은 비용으로 미국 시장에서 판매된다며 보복 조치로 반덤핑 관세를 매겨 달라고 미국 정부에 요청한 일이 있었어요. 반덤핑 관세가 매겨지면 한국산 세탁기의 제품 가격이 올라가서 미국 시장에서 월풀 세탁기의 경쟁력이 높아지겠죠. 한국 정부가 부당하다며 세계무역기구에 제소를 했는데, 다행히 미국에서 한국 세탁기에 반덤핑 관세를 매기는 것은 잘못이라는 판결이 내려졌지요.

도상국의 시장을 장악하기 위해 덤핑 공세를 펼치는 것을 막기도 했지요. 덤핑(dumping)이란 국제 경쟁에서 이기기 위해 국내 판매 가격이나 생산비보다 싼 가격으로 제품을 수출하는 일을 말해요.

왜 그렇게 손해 보는 장사를 하느냐고요? 일단 자기 회사 제품이 소비자들에게 먹히면 그 시장을 몽땅 차지할 수 있으니까요. 하지만 반덤핑 협정은 미국 국회에서 비준을 거부당했지요.

8차 우루과이 라운드(1984년)에서 임시로 맺은 협정인 가트 대신 국제 무역에서 생기는 일을 도맡아 하는 '세계무역기구(WTO : World Trade Organization)'를 세우자는 데 의견이 모아졌어요.

드디어 1994년 4월 15일, 모로코의 마라케쉬에서 123개국이 참여한 가운데, 세계무역기구 설립을 위한 마라케쉬 협정이 채택되었어요. 이로써 가트 체제는 막을 내리고 '세계무역기구 체제'가 닻을 올리게 되었지요.

세계무역기구는 나라 간의 무역 장벽을 낮춰 세계 자유 무역을 지원하며, 회원국들 간에 분쟁이 일어났을 때 조정하는 역할을 맡고 있어요. 특히 분쟁이 일어났을 때 보호 무역주의에 강력하게 맞설 수 있는 효과적인 제재 수단을 갖게 된 것이 가트 체제와 다른 점이에요. 제재 수단이란 규칙을 위반했을 때 벌을 줄 수 있는 수단을 말해요.

세계무역기구가 자유 무역을 권장하다 보니 한 나라의 주권을 침해하는 일도 심심찮게 벌어졌어요.

2006년에는 이런 일도 있었어요. 유럽연합 회원국은 유전자 변형 농산물(GMO : Genetically Modified Organism) 수입을 금지하고 있었어요. 자기 나라 국민 건강에 좋지 않다는 이유에서였죠. 그런데 미국, 캐나다, 아르헨티나가 유전자 변형 농산물이 건강을 해친다는 주장에 명확한 과학적 근거가 아직 나오지 않았기 때문에 유전자 변형 농산물 수입을 금지하는 것은 불합리하다고 세계무역기구에 제소했어요. 세계무역기구는 유럽연합이 국제 무역 규정을 위반한 것이라며 미국의 손을 들어주었어요.

유럽연합은 울며 겨자 먹기로 유전자 변형 농산물 수입을 받아들일 수밖에 없었지요. 이에 맞서 유럽연합은 '유전자 변형 식품 표시제'를 강력하게 실시하고 있긴 하지만요. 유전자 변형 농산물은 우리 식탁에도 잔뜩 올라와 있어요. 우리나라는 유전자 변형 식품 수입 2위국이며 수입 곡물 중 58.8퍼센트인 1082만 톤이 유전자 변형 농산물이에요.

세계무역기구는 세계 무역량을 늘리고, 국제 무역의 규범을 세우며, 무역 분쟁 해결을 목표로 하고 있습니다. 상당히 많은 국제 무역 분쟁이 세계무역기구를 통해 해결되었지요.

하지만 '세계화'의 거센 파도 앞에서 젊은이들은 직장을 잃고, '신자유주의'를 내세운 초국적 기업 앞에서 우리나라 중소기업들은 우수수 무너져 버렸어요. 세계 곳곳에서 세계무역기구에 반대하는 목소리도 높습니다.

도대체 왜 그럴까요?

세계무역기구는 '내국민 대우 원칙(외국인 및 외국 상품을 자기 국민

및 자국 상품과 동등하게 대우하는 원칙)'을 취하고 있습니다. 상품뿐만 아니라 서비스, 상표, 저작권 및 특허도 해당됩니다.

　아주 쉬운 예를 들어 봅시다. 예전에는 장갑을 만드는 제조업체는 국내의 다른 장갑 만드는 제조업체들과 경쟁하면 됐습니다. 하지만 세계화 시대에는 국내의 장갑 제조업체뿐만 아니라 전 세계의 장갑 제조업체와도 경쟁해야 합니다. 외국 장갑 제조업체를 국내 장갑 제조업체와 동등하게 대우하니까요.

　물론 이 세계적인 경쟁에서 승리하면 전 세계 장갑 시장을 몽땅 차지할 수 있습니다. 승자가 모든 걸 거머쥐는 '승자 독식 사회'가 되는 것이지요. 전 세계를 망라한 거대한 먹이사슬의 최상위 포식자만이 살아남는 세상이 된 겁니다. 전 세계적인 경쟁을 벌이면 부유한 나라와 가난한 나라 중 과연 어느 쪽이 유리할까요? 답은 뻔하지요?

　특히 우리나라는 2015년 쌀 시장의 전면 개방을 두고 농민들의 시

위가 격렬했어요. 농업은 우리나라 국민들이 먹고사는 문제가 달린 산업이에요. 단지 생산 비용이 얼마나 높으냐 낮으냐 하는 문제만을 놓고 함부로 결정할 수 있는 분야가 아닙니다. 지금 당장 쌀 생산 비용이 높다고 해서 농업을 포기하면 결국 미래에는 남의 나라에 심각하게 의지할 수밖에 없습니다. 먹지 않고 살 수는 없으니까요. 그래서 '식량 주권'이라는 말도 생겨났죠.

그러지 않아도 1995년 쌀 시장 부분 개방은 우리나라 농업에 심각한 타격을 주었어요. 2015년 기준 우리나라의 곡물 자급률은 23퍼센트에 지나지 않아요. 식량 자급률은 단순한 경제 문제가 아니라 국민의 건강과 한 국가의 주권을 지키는 문제예요.

쌀 시장 개방으로 우리나라 농촌은 피폐해져 가고 있어요. 농촌에 가면 노인밖에 없다는 말이 나올 정도로 농촌이 늙어 가고 있으며 농가 소득 또한 줄어들고 있지요. 2015년 통계청에 따르면 농가의 평균 연령은 66.5세이고, 농가 경영주의 39.7퍼센트는 70세 이상의 고령 인구이며, 연소득이 천만 원을 넘지 않은 농가가 전체의 64퍼센트라고 해요.

경제 성장도 해야 하고 우리 사회 구성원들이 골고루 일하며 행복을 누리기도 해야 하니, 전 세계가 세계화의 거센 파도 앞에서 안절부절못하는 형편입니다.

자유 무역 협정(FTA), 관세 장벽을 무너뜨리다

자유 무역 협정(FTA : Free Trade Agreement)이란 국가 간의 무역 거래에서 관세 등을 낮추거나 없애서 자유롭게 무역할 수 있도록 한 조약을 말해요. 관세는 앞에서 한번 나왔지만 어려운 말이니 다시 한 번 새겨 둡시다. 관세는 나라에서 수출이나 수입하는 물건에 매기는 세금입니다.

왜 이런 협정을 맺는지를 이해하면 자유 무역 협정의 장단점을 두루 알 수 있어요.

예를 들어 봅시다. A라는 나라는 휴대 전화를 잘 만들어요. 휴대 전화를 만드는 기술력이 뛰어나서 싸고 질 좋은 제품을 대량으로 만들죠. B라는 나라는 포도를 잘 키워요. 값싸고 맛있는 포도가 많이 나죠. 휴대 전화를 만드는 데 드는 비용을 비교해 보면 A나라가 훨씬 낮아요. 포도를 재배하는 데 드는 비용을 비교해 보면 B나라가 훨씬 낮고요. 좀 어려운 말로 A나라는 휴대 전화에서, B나라는 포도에서 '비교 우위'가 있다고 합니다.

그렇다면 A나라는 휴대 전화를, B나라는 포도를 만들어 각각 교환하면 되지요. 단, A나라나 B나라가 수출하는 휴대 전화나 포도에 관세를 매기면 값이 올라가니까 서로 휴대 전화와 포도에는 수입 관세를 매기지 않는다는 약속을 하는 거죠.

이런 국가 간의 약속이 실제로 맺어졌어요. 여기서 A나라는 우리나

　라이고 B나라는 칠레입니다. 2004년 우리나라는 최초로 칠레와 자유 무역 협정을 맺었어요. 칠레는 휴대 전화와 자동차에 대해서, 우리나라는 포도, 와인, 돼지고기에 대해 수입 관세를 없앤다는 게 중요 내용이었죠.

　한·칠레 자유 무역 협정이 체결된 뒤, 두 나라 사이에 무역량이 크게 늘어났어요. 우리나라 소비자는 값싸고 질 좋은 포도, 돼지고기, 와인을 먹고 마실 수 있게 됐어요. 마찬가지로 칠레 소비자도 우리나라 휴대 전화와 자동차를 더 싸게 구입할 수 있게 되었지요. 한편으로 두 나라 생산자들은 외국 업체와의 경쟁에서 살아남기 위해 상품의 질을 높이고 가격을 낮추기 위해 더욱더 노력해야 했죠.

여기서 잠깐! 세계무역기구와 자유 무역 협정이 좀 헷갈리죠? 비슷비슷하게 둘 다 자유롭게 무역하는 걸 돕는 기구 같잖아요?

초간단 정리를 하면 세계무역기구가 한 나라가 다른 나라에 최혜국 대우를 한다면 다른 회원국 나라에게도 같은 대우를 해야 한다는 다자간(개인과 여러 사람 또는 단체와 여러 단체 사이) 세계 무역 체제라면, 자유 무역 협정은 국가끼리 맺은 무역 협정이어서 다른 나라에도 똑같이 그런 대우를 할 필요가 없다는 것입니다. 세계무역기구는 두루두루 여러 나라에게 같은 조건을, 자유 무역 협정은 협정을 맺은 각 나라끼리 조건을 정한다는 말입니다.

자유 무역 협정은 다른 나라와 따로따로 협정을 맺는답니다. 우리나라는 2004년 칠레에 이어 싱가포르, 유럽자유무역연합, 그리고 2007년에는 미국과 동남아시아 10개국, 2015년에는 중국과 자유 무역 협정을 맺었어요. 중국은 우리나라 수출의 약 3분의 1을 차지하는 제1의 무역 상대국인 데다가 미국·유럽연합·일본 등과는 아직 자유 무역 협정이 체결돼 있지 않아서 우리나라 수출에 상당히 유리할 것으로 예상하고 있어요. 우리나라는 국내 시장이 작아서 전통적으로 수출을 많이 하는 정책에 의존하고 있거든요.

그런데 한·칠레 때부터 자유 무역 협정 체결을 앞두고 왜 그렇게 격렬한 반대 시위가 벌어지는 것일까요?

칠레가 우리나라에서 수입하는 휴대 전화, 자동차, 컬러 텔레비전,

타이어에 대한 관세를 폐지해서 휴대 전화와 자동차를 만들거나 수출하는 우리나라 기업들은 큰 이익을 보았어요. 반면 우리나라는 칠레에서 들어오는 포도와 삼겹살, 냉동 홍어, 와인에 대한 관세를 폐지하여 우리나라 농민, 축산업자, 어민들은 아무래도 타격을 입었지요.

우리나라에는 수입 관세만 있어요. 칠레에서 수입하는 물건에 관세를 매기지 않으니 칠레에서 수입한 물건들이 우리나라에서 값싸게 팔릴 수 있는 것이지요.

2004년 우리나라가 최초로 칠레와 자유 무역 협정을 맺은 이래 농민들과 수출업자들은 눈물과 한숨, 웃음이 엇갈리는 상황을 맞게 되었어요.

결국 처음으로 돌아가면 A와 B라는 나라에서 비교 우위가 떨어지는 분야는 살아남을 수가 없게 되겠죠. 앞에서도 나왔지만 우리나라 농촌은 거의 무너지기 일보 직전이랍니다.

5.
환경 뉴스가 쏙쏙, 환경 보호와 녹색 성장을 위한 국제조약

단 하나뿐인 지구! 지구는 환경 파괴, 이상 기후, 쓰레기로 몸살을 앓고 있습니다. 이 장에서는 소중한 우리 삶의 터전인 지구 환경을 지키면서 지속 가능한 녹색 성장을 위한 환경 협약에 관해 알아봅니다.

해마다 멸종 위기 동물들이 늘어 가고 있습니다.

흘러내리는 북극 얼음 위에서 갈 길을 잃은 북극곰,

사람들이 마구 잡아들여 줄어든 참치,

쓰레기로 덮여 가는 땅, 지구 온난화로 더워지는 대기. 우리의 하나뿐인 지구가 병들고 있습니다.

습지 보존을 위한 람사르 협약

람사르(페르시아어 : رامسر, 영어 : Ramsar)는 이란의 작은 도시입니다. 페르시아어 'رامسر'를 구글 번역기에 돌려 보니, 카스피 해에 접한 작은 휴양 도시랍니다. 바다의 풍광이 무척 아름답고, 여름엔 덥고 습하며 겨울엔 온화한 기후이지요. 아름답지만 잘 알려지지 않은 이 휴양 도시가 우리 귀에 익숙한 건 순전히 람사르 협약 때문입니다.

1971년 람사르에서 전 세계의 습지를 보호하자는 람사르 협약이 맺어졌어요. 람사르 협약의 정식 명칭은 아주 길어요. '물새 서식지로서 특히 국제적으로 중요한 습지에 관한 협약'이랍니다. 물새는 물가에서 생활하는 새를 가리켜요. 왜 이런 명칭이 붙었느냐면, 국제적으로 이동하는 야생 조류를 보호하자는 단체와 습지 보호 단체가 힘을 합쳐 람사르 협약을 만들었거든요.

습지란 갯벌, 늪, 연못, 저수지, 개울, 논 같은 곳이에요. 자연적이든 인공적이든, 민물이든 짠물이든, 물이 흐르거나 고여 있는 곳을 말해요.

예전에는 곡식이나 채소를 심을 수 있는 논밭만이 쓸모 있는 땅이라고 생각했어요. 습지의 가치에 대해서 잘 알지 못했지요. 그도 그럴 것이 습지는 우리 눈으로 볼 때 질퍽하거나 거무칙칙하거나 물이 흥건하게 괴어 있는 땅이에요. 간혹 썩은 냄새가 풍기기도 하지요. 늪은 물이 괸 크고 작은 웅덩이이고, 갯벌은 바닷물이 들락날락하는 곳 정도라고 여겼어요. 그러니 쓸모없는 땅이라고 생각할 수밖에요!

우리나라 서남 해안은 세계적으로 갯벌이 넓은 곳으로 손꼽힙니다. 인천 앞바다의 강화도 갯벌은 세계 5대 갯벌 중 하나이지요. 그런데 1970년대 이래 농사지을 땅이 부족하다면서 갯벌을 농토로 만드는 간척 사업을 벌였어요. 서해 바다에 긴 둑을 쌓고 그 안의 물을 빼내어 농토로 만들었지요. 대단위 간척 사업으로 우리나라 해안선이 달라졌습니다. 이렇게 해서 우리나라 갯벌의 50퍼센트가 사라져 버렸습니다.

다행히 이제 습지의 중요성을 누구나 알고 있습니다. 습지는 잠자리, 개구리, 연꽃같이 물에서 사는 수많은 동식물이 사는 '자연 생태계의 보물 창고'입니다. 창녕 우포늪에는 희귀 식물인 가시연꽃, 자라풀, 통발과 천연기념물로 지정된 백조, 노랑부리저어새가 살아요.

또 습지는 홍수와 가뭄을 막고 물을 조절하는 기능을 해요. 창녕 우포늪은 낙동강의 배후 습지예요. 비가 많이 오면 빗물을 머금었다가 천천히 낙동강으로 흘려보내 홍수를 막고 가뭄을 예방하지요.

그리고 습지는 '자연의 콩팥'입니다. 습지에 있는 물과 흙이 오염된 물질을 걸러 내는 정수기 역할을 합니다. 한강에서 흘러든 오염된 물은 강화 갯벌을 지나면서 깨끗이 정화되어 바다로 내보내지지요.

우리나라의 습지 하면 아무래도 서남 해안의 갯벌이나 창녕 우포늪이 먼저 떠오르죠? 그런데 인구 천만 명이 사는 대도시 서울에도 람사르 협약에 등록된 습지가 있답니다. 바로 마포와 여의도를 잇는 서

강대교 밑에 있는 '밤섬'이에요. 자동차를 타고 가다 보면 '한강 밤섬 생태 경관 보전 지역'이란 팻말이 나오고 이어서 자동차 경적을 금지하라는 안내판이 나와요.

　겨울방학에 여의도 밤섬 조망대에 가 보세요! 망원경으로 밤섬에서 겨울을 나는 수천 마리 철새를 관찰할 수 있어요. 밤섬에는 멸종 위기종인 흰꼬리수리, 가마우지, 천연기념물인 원앙과 매, 황조롱이, 말똥가리 같은 수십 종의 조류가 살고 있어요. 밤섬은 세계적으로도 보기 드문 도심 속 철새 도래지로 꼽힌답니다. 밤섬은 이런 생태적 가치를 인정받아 지난 2012년 우리나라에서 18번째 람사르 습지로 정해졌습니다.

밤섬

밤섬에는 명물 아닌 명물이 있어요. 한겨울에 하얗게 변한 나무 위에 앉아 있는 까만 가마우지 떼지요. 버드나무가 가마우지의 배설물을 뒤집어써서 하얗게 된 것인데, 봄이 되면 물대포로 물청소를 하기도 한답니다.

현재 람사르 협약에는 168개국이 가입되어 있어요. 우리나라는 대암산 용늪, 창녕 우포늪, 순천만 보성 벌교 갯벌, 제주 물장오리 습지 등 18곳이 람사르 습지로 지정되어 있습니다.

리우 환경 선언, 열두 살 소녀의 외침!

  1992년 6월 전 세계 100여 개국 정상과 민간 단체 대표 등 185개국 대표들이 지구 환경 보전 문제를 논의하기 위해 브라질의 리우데자네이루에 모였어요. 보통 리우 회의라고 부르는 이 회의의 정식 명칭은 '환경과 개발에 관한 유엔 회의'입니다.

  리우 회의는 환경에 관한 국제 회의로는 사상 최대 규모였어요. 리우 회의에서 지구를 살리기 위한 행동 강령들이 발표되었어요. 지구 헌장으로서 '환경과 개발에 관한 리우 선언', 환경 보전 행동 계획으로 '아젠다 21', 지구 온난화 방지를 위한 '기후변화 협약', 종의 보전을

위한 '생물학적 다양성 보전 조약' 같은 환경 협약들이 채택되었지요.

지구촌 곳곳에서 산업화와 도시화가 진행되면서 심각한 환경 오염 문제가 대두되었어요. 제2차 세계대전 뒤부터 지구가 병들고 있다는 현실을 깨달으면서 지구 보호를 위해 무언가를 실천해야 한다는 주장에 힘이 실렸습니다.

1972년 국제연합인간환경회의에서는 우리에게 익숙한 '오직 하나뿐인 지구'라는 표어를 내놓았습니다.

리우 회의에서는 병든 지구를 되살리기 위해 우리가 무엇을 해야 하는지를 의논했어요. 구체적으로 대기 중 온실가스 배출량을 줄여서 지구 온난화를 방지하고 동식물과 천연자원을 보호하는 문제를 집중적으로 의논했습니다.

이 리우 회의에서 열두 살짜리 소녀의 외침이 세상을 깜짝 놀라게 했습니다! 캐나다에서 온 세번 스즈키가 '세상의 모든 어버이들께'라는 연설문을 발표한 거예요. 세번 스즈키는 환경 운동가인 아버지의 영향을 받아 캐나다에서 '에코'라는 어린이 환경 단체를 만들었어요. 그러고는 자신들의 활동을 세상에 알리고 싶어서 리우 회의에 편지를 썼지요. 리우 회의장까지 가는 경비는 모금 운동을 해서 스스로 마련했습니다.

이 당찬 열두 살짜리 소녀는 각국 정상들이 모인 리우 회의장에서 카랑카랑한 목소리로 이렇게 외쳤습니다.

저는 미래의 모든 세대를 위해 여기에 섰습니다.

저는 세계 곳곳에서 굶주리는 어린이들을 대신하여 여기에 섰습니다.

저는 이 행성에서 죽어 가고 있는 수많은 동물들을 위해 여기에 섰습니다.

저희는 이제 말하지 않고 그냥 있을 수 없습니다.

여러분은 오존층에 난 구멍을 수리하는 방법, 연어를 다시 강으로 돌아오게 하는 방법, 사라져 버린 동물을 되살려 놓는 방법을 알지 못합니다.

여러분은 이미 사막이 된 곳을 푸른 숲으로 되살려 놓을 능력도 없습니다.

여러분이 고칠 방법을 모른다면, 제발 그만 망가뜨리시기 바랍니다!

세번 스즈키의 연설이 끝나자, 각 나라 대표들은 기립 박수를 쳤습니다. 열두 살 소녀의 호소와 외침은 자기 나라의 이해관계 때문에 환경 보전을 위한 합의에 머뭇거린 어른들을 부끄럽게 했지요.

　세번 스즈키의 외침은 지구 환경을 보전하는 문제가 "지금 세대만이 아니라 미래 세대를 위해서도 환경을 보전해야 한다."는 세대 간의 형평성 문제임을 확인한 것이었어요. 우리가 사는 지구는 우리 세대만의 것이 아니라 후손에게 그대로 물려주어야 한다는 깨달음이었죠. 환경 운동가인 세번 스즈키 아버지가 했던, "너의 말이 아니라 행동이 진짜 너를 만든단다."라는 말마따나 즉각적인 실천의 중요성을 강조한 것이었어요. 세번 스즈키는 환경 운동가이자 한 아이의 엄마가 되어 2011년 우리나라에서 열린 8회 환경 영화제에서 〈세번, 우리 아이들의 목소리〉라는 다큐멘터리를 만든 감독으로 다시 만날 수 있었습니다.

그리하여 리우 환경 선언에서는 27개 원칙을 발표했는데 '지속 가능한 개발'이라는 구호가 핵심이었습니다.

기후 변화 협약은 온실가스 배출량을 줄이는 데 부속서 1과 부속서 2 국가로 나누어 각각의 형편에 맞게 하도록 정해 놓았어요. 부속서 1에 속하는 나라들은 온실가스 배출량을 1990년도 수준으로 줄이고, 부속서 2에 속하는 나라들은 재정 지원을 맡도록 했지요.

기후 변화 협약에서 어떤 나라가 온실가스를 몇 퍼센트 줄이는가 같은 세세한 실천 사항은 1997년에 채택된 교토 의정서에 따르기로 했습니다. 앞서 나왔지만 의정서란 조약에 따르는 부수적인 문제를 다루기 위한 국제 공문서입니다. 하지만 온실가스를 제일 많이 배출하는 중국, 미국, 인도가 기후 변화 협약의 비준을 거부하는 등 각국의 이해관계가 엇갈리면서 기후 변화 협약의 실천이 순조롭지 않습니다. 우리나라는 1993년 기후 변화 협약에 가입했습니다.

생물 다양성 협약, 다양한 생물과 더불어 사는 지구!

생물 다양성 협약(CBD : Convention on Biological Diversity)은 기후 변화 협약, 사막화 방지 협약과 더불어 리우 선언에서 맺은 3대 환경 협약 중 하나랍니다.

생물 다양성이란 왼쪽 포스터를

출처 : 세계 생물 다양성의 해 기념 유네스코 세계 순회 사진전 화보집

보면 단박에 이해될 거예요. 이 포스터는 2010년 '세계 생물 다양성의 해'를 맞이해 만들어졌어요. 원래 지구에는 저렇게 다양한 생물 종들이 와글와글 더불어 살았죠. 과학자들에 따르면, 지구에는 어림잡아 천만에서 1억에 이르는 생물 종이 살고 있으며 이중에서 175만 종 정도만 확인되었다고 합니다.

좀 어렵지만 생물학적 다양성을 유전적 다양성, 종 다양성, 생태계 다양성으로 나누기도 하는데, 무엇보다 중요한 건 종의 다양성을 유지하는 거예요. 종이란 고래, 북극곰, 개구리, 종려나무, 플랑크톤같이 다른 종과 달리 고유하게 인식되는 생물체를 말하며 식물, 동물, 미생물을 포함합니다.

출처 : 국제연합의 제3차 생물 다양성 전망 보고서(GBO-3)

위의 도표는 2010년엔 생물 종의 11퍼센트가 지구상에서 사라졌으며, 같은 속도라면 2050년에는 추가로 10퍼센트의 생물 종이 사라질 거라는 사실을 보여 주고 있어요.

여러분은 희귀 동식물, 멸종 위기에 처한 야생 동식물, 천연기념물이라는 말을 들어 본 적 있을 거예요. 산업혁명 이후 무서운 속도로 생태계가 파괴되어 서식지가 줄어들고, 지나친 남획(동물이나 물고기를 마구 잡음)으로 멸종되거나 멸종 위기에 놓인 동식물들이 생겨났어요.

세계자연보전연맹(IUCN : International Union for Conservation of Nature and Natural Resources)에 따르면 조류의 8분의 1, 포유류의 4분의 1, 침엽수의 3분의 1, 양서류의 3분의 1, 바다거북의 7분의 6에 달하는 종들이 멸종 위기에 처했다고 합니다.

한번 생각해 보세요! 우리 주위에서 얼마나 많은 생물들이 사라지고 있는지를! 우리나라를 대표하는 상징 동물인 호랑이만 해도 남한에서는 멸종되었고 북한에 5~10여 마리가 살고 있다고 합니다.

예전에는 우리나라에 호랑이가 얼마나 많았던지 1900년대에 우리나라를 방문한 한 외국인은 "사람들은 반년 동안 호랑이를 사냥하고, 나머지 반년 동안은 호랑이가 사람들을 사냥한다."라고 적어 놨을 정도예요. 조선 시대에는 호환(虎:범 호, 患:근심 환), 곧 호랑이에게 화를 입는 것을 막기 위해 호랑이를 잡는 착호 군대까지 두었답니다. 우리나라 호랑이는 남획으로 1930년쯤 거의 사라진 걸로 알려져 있습니다.

지구상의 모든 생물들은 '생명의 그물'로 연결되어 있습니다. 이 생명의 그물 속에서 온갖 생물체는 잡아먹거나 먹히기도 하고, 경쟁하거나 협력하기도 하며 묘한 균형을 이루고 살아가고 있습니다. 한 종의 멸종은 다른 많은 종들의 멸종을 불러올 수 있습니다.

지구상에 사는 생물 종이 다양할수록 생태계는 변화하는 환경 조건에 더 잘 적응하고 버틸 수 있게 됩니다. 각각의 종은 생존을 위해 다른 종에 의지하면서 생명의 그물 속에서 자신의 역할을 수행합니다. 종 하나가 사라지면 생명 그물의 균형이 깨져 결국 인류가 사는 생태계에 영향을 미칩니다.

1992년 리우데자네이루에서 열린 지구 정상 회의에서 세계의 지도자들은 '지속 가능한 발전'을 달성하기 위한 포괄적 전략과 법적 수단에 합의했습니다. 리우에서 세정된 핵심적인 방안 중 하나는 생물 다양성 협약이며 다음 세 가지 목표를 갖고 있습니다.

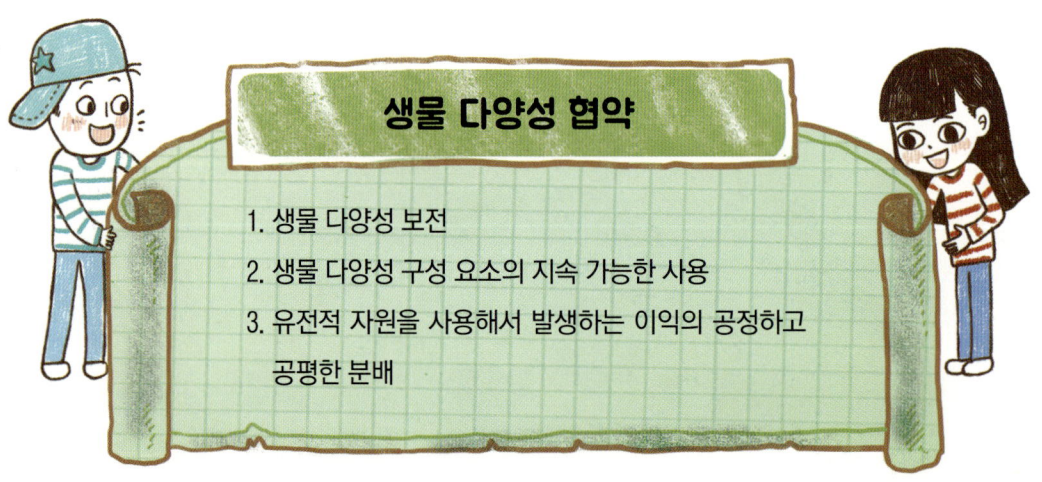

생물 다양성 협약

1. 생물 다양성 보전
2. 생물 다양성 구성 요소의 지속 가능한 사용
3. 유전적 자원을 사용해서 발생하는 이익의 공정하고 공평한 분배

　오늘날 이 생물 다양성 협약은 전 세계 거의 모든 나라가 받아들이고 있습니다. 전 세계 190개국과 1개 지역 경제 기구가 이 협약에 비준했지만 아직까지 균등하게 실행되고 있지는 않습니다. 일단은 옆의 세 가지 목표를 각국의 환경부뿐 아니라 정부 전 부처와 각종 이해 당사자들의 정책 결정 과정에 반영하는 것이 우선적인 목표입니다.

　'북극곰의 눈물'을 멈추게 하는 일은 이제 우리 손에 달려 있습니다.

6.
어느 나라 영토인지 알쏭달쏭, 남극 바다와 우주에 관한 국제조약

달은 어느 나라의 영토일까요? 우주는? 바다는? 남극은? 이 장에서는 어느 나라의 영토인지 아리송해서 생기는 다툼을 방지하고 인류 공동의 자산으로 정하기 위한 조약들을 소개합니다.

남극 조약, 과학 탐사만 합시다!

1959년 12월 1일, 미국, 소련, 영국, 프랑스, 칠레, 아르헨티나 등 12개국이 모여 남극 조약을 맺었습니다. 남극 대륙에서는 과학 탐사 같은 평화 목적의 활동만 하고, 핵무기 실험이나 군사 행동은 절대 금지한다는 내용이었어요. 이 조약이 유효한 동안에는 그 누구도 남극 대륙에 대한 영토 주권을 주장하지 않는다는 내용도 담겼지요.

사실 남극 대륙을 두고 자기 땅이라고 주장하는 나라가 많았답니다. 여기서 잠깐! 독도를 둘러싸고 한국과 일본 사이에 긴장이 높아질 때, 보통 '영유권 다툼'이 생겼다고 하죠? 영유권이란 한 영토에 대한 점령과 소유를 뜻하는 일본식 법률 용어랍니다. 앞으로는 영유권 대신 '영토 주권'이라고 합시다.

아무튼 남극 대륙을 두고 각 나라는 초기 발견자나 탐험자가 자기 나라 사람이라거나, 자기 나라가 남극 대륙과 지리적으로 가깝다는 근거를 들어 영토 주권을 주장했습니다.

도대체 일 년 내내 눈과 얼음으로 뒤덮여 있고 사람이 살 수 없는 남극 대륙에 무슨 가치가 있어서일까요?

먼저 남극 대륙이 어떤 곳인지, 어떠한 가치가 있는지부터 알아봅시다. 남극은 늘 눈과 얼음으로 덮인 거대한 남극 대륙과 그 주변을 둘러싼 바다 남극해를 포함합니다. 남위 90도에 남극점이 있습니다.

북극이 그린란드, 캐나다 북부, 알래스카, 러시아에 둘러싸인 지중해(대륙과 대륙 사이에 낀 바다)인 데 반해서 남극은 지구 육지 면적의 9.2퍼센트를 차지하는 대륙이에요. 남극 대륙의 98퍼센트는 얼음으로 덮여 있고 지구상에서 가장 추운 지역이죠. 얼마나 추우냐면, 한겨울에 영하 70도로 매서운 추위가 계속됩니다! 남극에 있는 러시아 보스토크 기지는 영하 89.6도를 기록한 적도 있어요. 대단하죠!

1773년 영국의 제임스 쿡 선장이 남극 근처에 접근한 데 이어 수많

은 탐험가들이 남극을 탐험했어요. 1911년 세계 최초로 노르웨이의 아문센이 남극점에 도달했고, 영국의 로버트 스콧이 그 뒤를 이었지요. 스콧은 남극점에 도달하는 데 한발 늦었을 뿐더러 안타깝게도 돌아오는 길에 목숨을 잃었어요. 미국은 자신들의 기지를 아문센-스콧 기지로 이름 붙여서 두 탐험가의 정신을 기리고 있어요.

이러한 남극 대륙에 사람이 살 수는 없고 펭귄과 물개, 지의류 정도만 살고 있어요. 다만 남반구에 여름이 오면 각 나라에서 온 과학자들이 연구 활동을 펼치지요.

남극에는 크릴, 대구, 메로 같은 수산 자원과 석유, 천연가스 같은 광물 자원이 풍부한 것으로 알려져 있어요. 이런 경제적 가치보다 더 중요한 게 남극은 지구 환경과 기후 변화를 가장 먼저 관측할 수 있고 지구 온난화 현상과 오존층 파괴 연구를 할 수 있는 장소라는 것이죠.

남극 대륙을 덮고 있는 거대한 얼음에는 남극과 지구 환경의 변화가 고스란히 기록되어 있어요. 눈이 다져져 생긴 얼음의 눈 입자 사이에는 눈이 쌓일 당시의 공기가 갇혀 있는데, 그 공기를 채집하여 조사해 보면 당시의 공기 성분과 기후를 밝힐 수 있어요. 또한 남극 오존층이 얼마나 파괴됐는지 관찰해 보면 지구의 건강 상태를 가늠할 수 있습니다.

세계 각국은 과학 탐사를 하기 위해 남극 대륙에 기지를 설치하고 있어요. 우리나라는 1986년에 남극 조약에 가입했고 1988년 서남극

킹조지 섬에 세종 과학 기지를 건설했어요. 이어서 2014년에는 남극 대륙의 테라노바 만에 장보고 과학 기지를 완공했답니다.

남극 대륙과 관련된 조약에는 남극해양생물자원보존 협약, 환경 보호에 관한 남극 조약 의정서가 있습니다.

우주 조약, 우주를 평화롭게 이용하자는 인류의 약속

1957년 전 세계 사람들을 깜짝 놀라게 한 일대 사건이 벌어졌어요! 소련이 세계 최초로 인공위성 스푸트니크 1호를 우주로 쏘았다는 발표를 했지요. 같은 해에 스푸트니크 2호도 발사했는데, 그 안에는 '라이카'라는 개가 타고 있었죠.

소련은 우주여행의 기세를 몰아 1961년에는 인류 최초의 우주 비행사 유리 가가린이 탄 우주선 보스토크 1호를 발사했어요. 사람이 우주선을 타고 우주여행에 나선 대사건이었죠.

소련이 우주여행에 앞장서자 극도로 초조해진 건 바로 미국이었어요. 그때는 미국과 소련이 모든 면에서 경쟁하는 냉전 시대였잖아요. 미국은 절대 소련에 뒤처질 수 없다고 생각하여 우주 개발에 박차를 가합니다.

1969년 7월 20일, 미국의 우주 비행사 닐 암스트롱이 이글호를 타고 달에 첫발을 딛는 장면이 전 세계로 생중계되었습니다. 그 역사적인 순간에 닐 암스트롱은 이런 말을 남겼지요.

"이것은 한 사람의 작은 발걸음에 불과하지만, 인류에게는 위대한 도약이 될 것입니다."

이리하여 엎치락뒤치락하던 미국과 소련의 우주 개발은 미국의 승리로 판가름 났습니다. 그런데 미국이 이글호를 띄우기 이태 전인 1967년 영국, 미국, 러시아 들은 우주 조약을 맺었어요. 정식 명칭은 '달과 기타 천체를 포함한 외기권의 탐색과 이용에 있어서 국가 활동을 규율하는 원칙에 관한 조약'입니다.

이 우주 조약은 인류가 약속한 우주 헌장입니다. 현재 전 세계 102개국이 이 조약에 가입했습니다. 중요한 내용을 간단하게 살펴봅시다.

달과 기타 천체를 포함한 외기권의 탐색과 이용에 있어서 국가 활동을 규율하는 원칙에 관한 조약

1. 우주는 인류의 터전이며 우주 활동의 혜택이 모든 국가에게 골고루 돌아가야 한다. 각 나라의 경제적·과학적 발달 정도와 관계 없이 모든 국가가 우주를 자유롭게 탐색하고 이용한다.
2. 어떤 국가도 우주에 대한 주권을 주장할 수 없다.
3. 핵무기나 기타 대량 파괴 무기를 우주 공간에 배치하는 것을 금지한다. 우주는 평화적으로만 이용해야 한다.
4. 우주인은 인류의 사절로 간주하여 사고나 조난을 당했을 경우 어떤 나라든지 도움을 주어야 한다.

하지만 지금 현실은 "우주가 이러다가 무법천지가 되지 않을까?" 하는 근심과 걱정에 차 있어요. 우주의 평화로운 이용을 약속하는 우주 조약이 있는데 왜 이럴까요?

놀라지 마세요! 2016년 현재 우주 개발은 '화성 여행'을 꿈이 아닌 현실로 만든 시대로 접어들었습니다. 그동안 화성은 미국 항공 우주국(NASA)의 독무대였어요. 여기에 러시아, 유럽, 인도가 뛰어들었어요. 뉴스에 따르면 2020년에는 화성에 다양한 나라의 국기를 단 탐사선이 다닐 거랍니다. 달은 현재 민간 기업들이 한창 개척 사업을 진행 중이고요.

1967년 우주 조약은 누가 먼저 달에 착륙할 것인가를 두고 미국과 소련이 경쟁을 벌이던 시대에 맺어진 것입니다. 누가 이길지 모르는 상황에서 그 어떤 나라도 달에 대한 소유권을 주장할 수 없으며 자원을 소유할 수도 없다고 규정해 놓았지요.

그런데 지금은 우주 개발의 현실과 우주 조약이 맞지 않은 데서 많은 문제가 발생하고 있어요. 각 나라가 치열한

자원 개발과 우주 관광 사업을 벌이면서 우주 조약의 허점이 속속 드러나고 있거든요.

예를 들어, 누구도 달에 대한 소유권을 주장할 수 없는 틈을 타서 누군가 해 놓은 달에 관한 사업 이익을 가로챌 수도 있고, 달을 함부로 개발해서 파괴할 수도 있어요. 달과 우주의 마구잡이식 개발을 막을 법적 장치도 절실하게 필요하지요.

이리하여 지금의 우주 조약을 보완할 수 있는 새로운 우주 조약이 마련되어야 한다는 전 세계의 여론이 높아지고 있답니다.

유엔 해양법 협약, 인류 최초 '바다의 대헌장'

아주 옛날부터 인류의 역사에서 바다는 큰 역할을 해 왔어요. 원시 시대부터 인류는 바닷길을 이용해서 가까운 곳과 먼 곳을 항해했어요. 바다는 물고기와 수산 자원을 무한대로 캐낼 수 있는 자원의 보

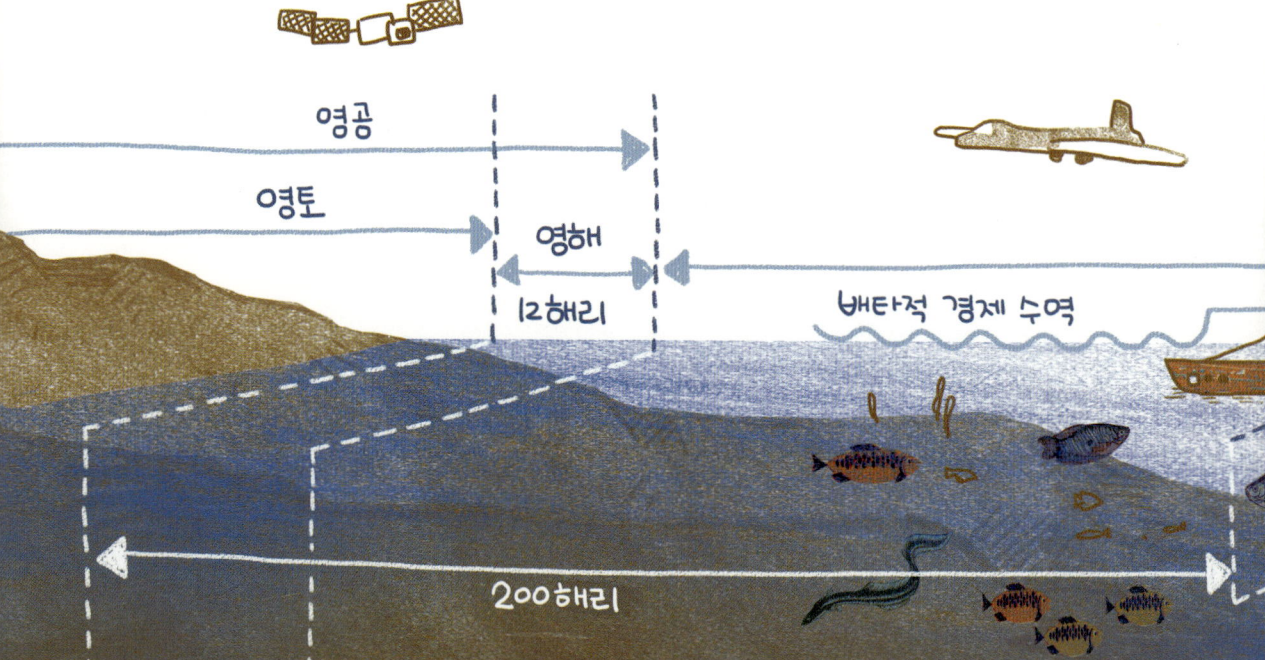

고이기도 했지요.

  15~16세기에 걸쳐 대항해 시대가 열리면서 에스파냐, 포르투갈, 영국, 프랑스, 네덜란드 사람들은 후추와 황금을 찾아 아시아와 아메리카 대륙으로 가는 바닷길을 개척했어요. 중국의 시안과 로마를 잇는 실크로드(비단길)에 이어 바다의 실크로드도 활짝 열렸지요.

  한 나라의 배가 다른 나라의 바다를 자유롭게 통과할 수 있는 항해의 자유는 국제적으로 인정되었어요. 대항해 시대를 연 유럽 여러 나라들이 그동안 해 왔던 관습과 질서가 그대로 바다에 적용되었지요.

  하지만 근대적인 주권이 형성된 이상 어디까지가 한 나라의 주권이 미치는 바다냐, 즉 '영해'의 범위를 놓고 갈등이 일어날 수 있었죠. 또한 나라의 주권이 미치지 않는 깊은 바다에서 나오는 자원은 누구의

배타적 경제 수역은 국가 영역에 포함되지 않아요. 여기서는 다른 나라의 선박이 항해할 수 있고, 통신 수단을 설치할 수 있어요.

공해

소유인가 하는 문제도 제기되었어요.

　1958년부터 유엔은 국제 해양법에 관한 조약을 만들려는 노력을 해 왔어요. 드디어 1982년 '바다의 이용에 관한 국제 해양법에 관한 협약'이 채택되었지만 여러 선진국들이 거세게 반대했어요. 그리하여 마

유엔 해양법 협약

1. 12해리 영해 제도 확립 : 모든 나라는 해안선에서 12해리(약 22킬로미터)를 넘지 않는 범위에서 영해를 설정할 수 있다.
2. 국제 해협은 자유롭게 통과할 수 있다.
3. 200해리 배타적 경제 수역(EEZ) 제도 확립 : 각 나라는 해안선에서 200해리(약 370킬로미터)까지는 어업이나 수산 자원, 광물 자원에 대한 소유권을 지닌다. 경제적인 목적이 아닌, 다른 나라의 선박이 항해를 할 수 있는 권리나 통신 수단을 설치할 수 있는 권리는 보장된다.
4. 대륙붕 제도 : 대륙붕은 수심이 35~240미터에 이르는 얕은 바다로, 대륙에 이어진 연장 부분을 말한다. 영해의 밖에 있지만 수산 자원과 천연가스, 석유 같은 지하자원이 풍부하다. 대륙붕은 갈수록 중요해지고 있다. 대략 200해리까지 인정한다.
5. 심해저 및 그 자원은 인류 공동 유산 : 어느 나라의 주권도 미치지 않는 '공해'의 깊은 바다와 그곳에서 나는 자원은 인류 공동의 유산으로 취급한다.
6. 국제해양법재판소 설립 : 해양에서 일어나는 나라 간의 다툼을 해결하기 위해 국제해양법재판소를 세운다.

침내 1994년에야 비로소 정식으로 발효하게 되었지요. 주요 내용은 옆의 표와 같습니다.

  유엔 해양법 협약은 깊은 바다인 심해를 인류 공동의 자산으로 정하고 해양 환경을 보호, 보전하는 길을 연 협약으로서 국제적으로 인정받고 있습니다.

7.
모르면 탈 날라,
우리 생활과 밀접한
국제조약

이 장에서는 책, 영화, 게임, 음악, 사진 같은 창작물과 관련된 국제조약에 대해 알아봅니다.

세계 저작권 협약(베른 협약), 창작자에 대한 존중

한 유명 가수가 자신의 에스엔에스(SNS)에 무심코 올린 글 때문에 국제적인 망신을 당할 뻔했어요. "쉬는 날이라 영화를 다운로드 했더니 자막이 생뚱맞게 아랍어였다."라는 글이 저작권을 위반한 게 아니냐는 혐의를 받게 되었죠. 이 영화를 만든 미국의 한 영화사가 자신들은 아랍어 자막을 만든 적이 없으므로 불법 다운로드라는 입장을 밝혔어요.

왜 이런 일이 생겼냐 하면, 우리나라가 1996년에 베른 협약에 가입했거든요. 베른 협약은 국내 저작권과 해외 저작권을 똑같이 보호하는 국제조약이에요. 가끔 국내 가수들이 외국 가수들의 노래나 뮤직비디오를 표절했다고 소송에 걸리기도 하는데 이것도 베른 협약과 관련된 것이지요.

결국 그 유명 가수는 처벌을 받진 않았지만 자신도 창작자이면서 저작권에 무딘 것에 대해 여론의 뭇매를 맞아야만 했어요.

여기서 중요한 건 여러분도 일상생활에서 이런 일을 겪지 말란 법이 없단 사실이지요. 그런데 저작권이 뭐냐고요? 저작(著 : 나타날 저, 作 : 만들 작)이란 예술이나 학문에 관한 책이나 작품을 가리켜요. 저작권을 알려면 무엇이 저작물인지를 알아야겠죠?

흔히 문학과 예술, 학문 활동으로 이루어 낸 것이 저작물이에요. 전통적으로 저작물로 인정된 보호 대상은 소설, 시, 논문, 강연, 각본, 음악, 연극, 무용, 회화, 서예, 도안, 조각, 공예, 사진, 건축물 등이에

요. 그런데 세상이 바뀌면서 저작물의 종류도 늘어났어요. 지금은 컴퓨터 프로그램이나 작곡, 영화, 지도 등도 포함되지요.

컴퓨터가 널리 쓰이게 되면서 컴퓨터로 만든 것들을 대상으로 한 디지털 저작권이 생겨났어요. 소프트웨어 같은 컴퓨터 프로그램도 저작권 보호 대상이에요.

영화, 게임, 음악, 사진, 그림 같은 창작물을 만든 이를 '저작권자'라고 하는데, 저작권이란 저작권자가 자신이 창작한 저작물에 대해 가지는 배타적인 권리를 말합니다. 여기서 '배타적'이란 말은 저작자 말고 다른 사람은 그 권리를 가질 수 없다는 뜻이에요.

저작권 보호 대상인지 아닌지를 쉽게 판단할 수 있는 방법을 알려 줄

게요. 이 책의 맨 끝 장(판권란)을 펼쳐 보세요. 글쓴이와 그린이의 이름 옆에 나란히 있는 ⓒ라는 기호를 볼 수 있을 거예요. ⓒ는 저작권(copyright)을 뜻하는 기호랍니다. 이 책의 저작권이 글쓴이와 그린이에게 공동으로 있다는 사실을 표시하는 기호이지요. 이 책의 저작권자는 글쓴이와 그린이입니다.

그럼 이 책을 낸 출판사는 무슨 권리를 가지냐고요? 출판사는 계약 기간 동안 이 책을 인쇄하고 서점에 널리 배포할 수 있는 '출판권'을 독점적으로 가집니다.

비록 정확한 뜻을 모른다손 치더라도 우리는 일상생활에서 저작권을 자주 접하게 됩니다. 여러분이 좋아하는 가수의 노래를 인터넷에서 찾아 듣고 있는데 중간에 끊긴 적이 있을 거예요. 바로 저작권을

보호하기 위한 조치예요. 앞에서도 나왔지만 영화를 불법 다운로드하면 저작권 위반으로 고소를 당할 수도 있습니다.

만약 여러분한테 기발한 아이디어가 생겼다고 해 봐요. 그 아이디어를 에스엔에스(SNS)에 올려놓고 자랑을 했죠. 그런데 누군가가 그 아이디어를 훔쳐서 자기 저작물을 만들었어요. 그럼 여러분의 아이디어는 보호받을 수 있을까요? 안타깝게도 그렇지 않아요. 아이디어 자체는 보호받지 못합니다. 그러니 자신의 소중한 아이디어를 저작물로 만들어야 보호받는다는 점을 꼭 알아 두세요.

1886년 스위스 베른에서 저작권에 관한 협약이 맺어졌어요. 1952년에는 베른 협약을 맺지 않은 나라들을 중심으로 세계 저작권 협약이 맺어졌는데, 그 협약에 참여한 나라들이 다시 베른 협약에 가입하면서 베른 협약이 국제적으로 두루두루 통하는 세계 저작권의 기본 조약이 되었어요.

모든 저작권이 이 협약에 가입한 모든 나라에서 무조건 보장돼요. 보장 기간은 최소한 저작권자 사후 50년이었는데 우리나라는 한·유럽연합 자유 무역 협정의 실행으로 2013년 7월 1일부터 70년으로 연장되었습니다.

우리나라는 1996년에 베른 협약에 가입했으며, 2014년 현재 167개국이 가입되어 있습니다.

■ 마치며

으쓱으쓱 성큼성큼 세계로 나아간 느낌이 드나요?

짝짝짝!

자칫 어렵고 딱딱할 수도 있는 국제조약을 완전 정복한 여러분에게 힘찬 박수를 보냅니다.

자, 이제 텔레비전이나 신문에 나오는 뉴스에 귀 기울여 보세요! 뉴스가 쏙쏙 들리는 환상적인 경험을 할 수 있을 거예요. 예전에는 환율이 오르락내리락한다거나, 어느 나라가 국제원자력기구의 핵 사찰을 거부했다거나 하는 뉴스가 뜻을 알 수 없는 모스 부호처럼 느껴졌을 거예요.

이젠 어렵게만 느껴졌던 뉴스가 쏙쏙 들리지 않나요? 지루하다고 느꼈던 뉴스를 꼭꼭 챙겨 보고 싶은 마음이 생기지 않나요?

여러분은 '나를 둘러싼 세계'가 하루하루 어떻게 돌아가는지 관심을 기울여야 합니다. 뉴스를 알아야 현재도 알 수 있고, 미래도 내다볼 수 있어요. 뉴스를 모르면 현재도 미래도 알 수 없으며, 과거도 제대로 평가할 수 없지요.

더군다나 오늘날 인터넷으로 연결된 지구촌에서는 해외 뉴스의 중요성이 갈수록 커지고 있어요. 어린이들이 뉴스를 통해서 '나를 둘러싼 세계'를 알려면 국제조약을 꼭 알아야 한답니다.

하지만 국제조약을 힘들게 배운 이유가 뉴스를 이해하는 데에만 그치는 것은 아니랍니다. 이 책의 앞부분에 나왔던 카데시 조약 이야기로 돌아가 볼까요?

전쟁이 일상생활이었던 그 옛날에 두 나라가 평화조약을 맺게 된 데는 '지혜로운 셈산'이 작용했습니다. 전쟁을 시작한 지 16년, 전쟁 기간 2년!

전쟁이냐 평화냐의 갈림길에서, 두 나라는 손해와 이익을 '냉정하게 계산'한 끝에 평화를 선택합니다. 두 나라 모두 긴 전쟁으로 막대한 군사를 잃었고, 이웃 나라의 공격도 걱정되고 내부의 복잡한 정치 상황도 고려할 수밖에 없었지요. 전쟁을 치르는 비용보다 평화를 유지하는 비용이 더 적게 든다는 결론을 내린 것이지요.

카데시 조약은 기나긴 전쟁의 고통을 치른 뒤 인류가 지혜를 발휘하여 얻어 낸 약속이랍니다. 앞에서도 말했듯이 인류의 역사는 전쟁-평화-전쟁-평화의 패턴을 유지했어요. 이런 사실을 안다면 평화 시기에 전쟁을 미리 막을 수 있도록 지혜를 모아야겠지요.

또한 우리는 근현대에 여러 나라끼리 맺은 조약에서 불평등한 모습을 지켜보며 안타까웠습니다. 힘을 가진 나라가 제 나라에 불리하다며 중요한 조약을 맺지 않는다는 사실에 주먹을 불끈 쥐게 되지요. 국제조약조차 완전하지 않다는 사실에 한숨을 내쉴 수밖에 없고요.

그럼에도 국제조약이 전쟁을 막고 평화를 갈망하며, 보다 자유롭고 평등한 세상을 위한 고귀한 약속이라는 점, 잊지 마세요.

앞으로도 국제조약에 대해 관심을 기울이기로 해요!

김향금

서울에서 태어나 자랐습니다. 서울대학교에서 지리학과 국문학을 공부한 뒤, 같은 학교 대학원에서 고전문학을 공부했습니다. 『아무도 모를 거야 내가 누군지』, 『세상을 담은 그릇, 지도』, 『누구나 세상의 중심이다』, 『어흥, 호랑이가 달린다』, 『여기는 한양도성이야』, 『우리 땅 캠핑 여행』, 『의궤는 어떻게 만들었을까』 같은 논픽션 책을 주로 썼습니다. '한국생활사박물관' 시리즈 중 일부를 만들었으며, '우리 알고 세계 보고' 시리즈, '한국사탐험대' 시리즈 등을 기획하고 집필했습니다.

김소희

지금까지 '어린이 동산', '함께 사는 길' 등의 월간지에 만화를 쓰고 그렸고, 『우리 역사 노래 그림책』, 『공부 도사』, 『몬스터 과학』, 『우리 할아버지는 북촌 뺑쟁이』, 『바다 박사가 될래요!』 등 어린이책에 그림을 그렸습니다. 앞으로도 노래를 흥얼거리며 즐거운 그림을 계속 그리고 싶어 합니다.

국제조약, 알면 뉴스가 들려요

2016년 12월 30일 1판 1쇄
2025년 1월 10일 1판 4쇄

글쓴이: 김향금 | 그린이: 김소희

편집: 최일주, 이혜정 | 디자인: 권소연 | 교정: 최옥미 | 제작: 박흥기
마케팅: 양현범, 이장열, 김지원 | 홍보: 조민희

인쇄: 코리아피앤피 | 제책: J&D바인텍

펴낸이: 강맑실 | 펴낸곳: (주)사계절출판사 | 등록: 제406-2003-034호 | 주소: (우)10881 경기도 파주시 회동길 252 | 전화: 031) 955-8588, 8558 | 전송: 마케팅부 031) 955-8595 편집부 031) 955-8596 | 홈페이지: www.sakyejul.net | 전자우편: skj@sakyejul.com | 블로그: blog.naver.com/skjmail | 페이스북: facebook.com/sakyejulkid | 인스타그램: instagram.com/sakyejulkid

ⓒ 김향금, 김소희 2016

사진: 11쪽 카데시 조약을 새긴 점토판 ⓒ 박인성

값은 뒤표지에 적혀 있습니다. 잘못 만든 책은 구입하신 서점에서 바꾸어 드립니다.
사계절출판사는 성장의 의미를 생각합니다. 사계절출판사는 독자 여러분의 의견에 늘 귀 기울이고 있습니다.
이 책은 저작권법에 따라 보호받는 저작물이므로 무단전재와 무단복제를 금합니다.

ISBN 978-89-5828-466-6 73300
ISBN 978-89-5828-770-4 (세트)